IMAGINE
ALL THE PEOPLE

Uma conversa com o

DALAI-LAMA

sobre temas polêmicos e atuais

Dados Internacionais de Catalogação na Publicação (CIP)
(Câmara Brasileira do Livro, SP, Brasil)

Bstan-'dzin-rgya-mtsho, Dalai Lama XIV, 1935-.

Imagine all the people : uma conversa com o Dalai-Lama sobre temas polêmicos e atuais / Dalai-Lama e Fabien Ouaki em colaboração com Anne Benson ; tradução Marcos Malvezzi Leal. -- Campinas, SP : Verus Editora, 2004.

Título original: Imagine all the people : a conversation with the Dalai-Lama on money, politics, and life as it could be
ISBN 85-87795-65-1

1. Budismo - Aspectos sociais 2. Budismo - Doutrinas 3. Dalai-Lama - Entrevistas 4. Religião e política 5. Vida religiosa - Budismo I. Ouaki, Fabien. II. Benson, Anne. III. Título. IV. Título: Uma conversa com o Dalai-Lama sobre temas polêmicos e atuais.

04-7036 CDD-294.34

Índices para catálogo sistemático:

1. Budismo : Doutrinas e práticas : Entrevistas : Religião 294.34

Dalai-Lama
e
Fabien Ouaki
em colaboração com Anne Benson

IMAGINE ALL THE PEOPLE

Uma conversa com o DALAI-LAMA sobre temas polêmicos e atuais

Tradução
Marcos Malvezzi Leal

VERUS editora

Título do original
Imagine All the People
A Conversation With The Dalai-Lama
on Money, Politics, and Life As It Could Be

Copidesque
Sabino Ferreira Affonso

Revisão
Maria Lúcia Almeida Maier
Aurea G. Tullio Vasconcelos

Capa e Projeto Gráfico
André S. Tavares Silva

Foto do Dalai-Lama: Eraldo Peres/Photo Agência

VERUS EDITORA
Rua Frei Manuel da Ressurreição, 1325
13073-221 - Campinas/SP - Brasil
Fone/Fax: (19) 3241-0832
verus@veruseditora.com.br
www.veruseditora.com.br

Sumário

Prólogo

Quando você não acredita em coincidências, é mais fácil perceber por que certas pessoas que lhe são apresentadas adquirem importância fundamental em sua vida. Numa noite de 1980, eu estava visitando um amigo que trabalhava na Europe 1, uma estação de rádio francesa. Ele havia montado um estúdio em casa e estava treinando locutores de rádio. Naquela noite conheci três pessoas que tinham iniciado a primeira rádio pirata na França, chamada Rádio Aqui e Agora. Essa estação era um fórum aberto, introduzindo conceitos de transmissão radiofônica desconhecidos na França daquela época. Pouco sabia eu do tamanho do impacto que aquela noite causaria em minha jovem vida e de como tudo isso acabaria sendo instrumental na criação deste livro. Um dos homens que ali conheci era em parte responsável por trazer vários mestres do budismo tibetano à França. Casualmente, ele me disse que seu professor, Kalu Rinpoche, estaria dando uma palestra em Paris. Resolvi ir ao evento.

Kalu Rinpoche era velho, magro e aparentemente muito frágil, mas conseguia infundir no ambiente poderosos sentimentos de amor e compaixão. Era bondoso, mas distante, como se dissesse: "Amo você, mas não preciso de coisa alguma. Não se apegue a mim". Parecia não ter uma meta pessoal, mas ensinava sempre, em resposta a um número cada vez maior de pedidos de cidadãos ocidentais de todas as idades, que se sentiam atraídos ao budismo tibetano. Naquela noite, Rinpoche estava dando uma iniciação relacionada a Chenresig, o bodisatva da grande compaixão, apresentando à platéia o caminho do altruísmo. Os dalai-lamas do Tibete são reconhecidos como emanações humanas de Chenresig, que é particularmente amado no Tibete.

Kalu Rinpoche queria saber se alguém na platéia desejava "buscar retiro". Buscar retiro é um pouco como fazer um acordo com as Três Jóias: Buda, darma (ensinamentos de Buda) e *sangha* (a comunidade dos praticantes budistas). Buscar retiro é uma decisão íntima, pessoal. O principal voto que o iniciado faz é não prejudicar os outros e, sempre que possível, agir para o benefício de todos os seres sensitivos, de acordo com o caminho revelado por Shakyamuni, o Buda histórico. Para a maioria das pessoas, a decisão de buscar retiro é o resultado de uma reflexão profundamente ponderada. Eu, porém, busquei o retiro dez minutos depois de entrar na sala. Fiquei totalmente convencido de que Kalu Rinpoche era uma personificação autêntica da compaixão. Sua presença me atingira como um raio.

Embora eu tenha levado algum tempo para perceber o significado de meu comprometimento e começar a envolver minha mente com uma religião que eu mal conhecia na época, nunca me arrependi de minha decisão. Entretanto, recuso-me a ser chamado de budista. O rótulo não me serve. Minha formação religiosa e étnica mista – meio judeu por parte de pai, ateu por parte de mãe, católico por influência de minha sogra e espiritualmente curioso por natureza – me dá total liberdade. Sem raízes profundas, sinto-me à vontade em qualquer situação. No entanto, acredito que os seres humanos são mais do que um punhado de moléculas aglutinadas. Esse "mais", que os judeus chamam de Pai eterno, os cristãos de O Senhor, os muçulmanos de Alá e os budistas definem como a natureza da mente, é a raiz de minha fé, a linha que venho seguindo há tantos anos.

Meu primeiro encontro com o 14º dalai-lama, Tenzin Gyatso, ocorreu graças a um conhecido meu, tibetano, um dos poucos refugiados tibetanos a quem o governo francês deu as boas-vindas na década de 1960. Esse indivíduo estava morando com um amigo meu de infância, e eu o convidei para um jantar. Enquanto comíamos a sobremesa, ele me disse – num tom sussurrante, altamente confidencial – que o Dalai-Lama passaria uma hora no saguão VIP do aeroporto Roissy, na manhã seguinte. "Você gostaria de conhecê-lo?", perguntou meu amigo tibetano. E como!

Na manhã seguinte, dirigi-me ao grande saguão do aeroporto. O Dalai-Lama estava confortavelmente sentado, conversando em tom de entusiasmo com alguém que eu não conseguia ver. Sentei-me a alguns metros de distância, fechei os olhos e caí em silêncio. Reunindo todos os meus poderes de concentração, comecei mentalmente a oferecer uma mandala a Sua Santidade. Embora não fosse assíduo na prática nem proficiente em cosmogonia tradicional, eu sabia algumas coisas sobre essa forma de oferta. Visualizei um mar cristalino num mundo permeado por uma luz suave, porém poderosa. Entre o mar e o céu, adicionei algumas montanhas. Começava a parecer um pouco com um cartão-postal.

De repente, das profundezas da imagem, vi o Dalai-Lama caminhando em minha direção. Cada passo era pontuado por seu riso profundo, alegre; e o som aumentou quando ele entrou em meu campo de visão. Abri os olhos, e lá estava ele. Seu riso profundo e alegre ecoava no ar. Dei um grito abafado: "Fabien, você está sonhando!". Mas eu estava decididamente acordado – embora ainda não desperto.

Cada um de meus futuros encontros casuais com o Dalai-Lama aproximou-me mais dele. O líder religioso e político do Tibete há muito tempo considera os artistas e a mídia aliados mais úteis do que os políticos para romper a apatia que envolve os sofrimentos do povo tibetano. Como jornalista e personalidade do rádio, entre outras coisas – além de alguém que se identifica fortemente com o budismo tibetano –, eu me sentia impelido a desenvolver um relacionamento com Sua Santidade. Durante uma das raras visitas do Dalai-Lama a Paris, providenciei para ele uma reunião com um bom número de importantes artistas e escritores franceses. O evento coincidiu com o lançamento de um filme que produzi, chamado *Lungta*. No ano seguinte, o Dalai-Lama e eu nos encontramos novamente para a *première* de *O pequeno Buda*. Em 1993, trabalhamos juntos num encontro no qual filósofos, empresários, políticos, economistas e aspirantes a espiritualidade trocavam idéias sobre negócios e ética, no Palais des Congrès, em Paris.

Visitas subseqüentes a Sua Santidade aumentaram meu interesse, bem como minha frustração. Nunca tínhamos tempo suficiente para discutir qualquer assunto em profundidade – até surgir o projeto deste livro. No decorrer de uma reunião que, posteriormente, tivemos em Marselha, expliquei ao Dalai-Lama que gostaria de entrevistá-lo mais apuradamente a respeito de ética, negócios, mudanças globais, economia, relacionamentos pessoais e compaixão na vida diária.

"Mas esse livro pode ajudar as pessoas?", perguntou ele. "Se puder, vamos fazer isso! Por favor, prepare as perguntas e eu as responderei da melhor maneira possível." Ele estava muito feliz por ter outra oportunidade de se comunicar com o mundo. Confrontado com seu vivo entusiasmo, comecei a me perguntar onde estava me metendo. Marcamos uma série de entrevistas que teriam lugar em Dharamsala, Índia, na residência-exílio do Dalai-Lama.

O melhor local para se alugar um jipe, em Dharamsala, é o monastério Nechung. Todos os dias, nosso chofer – um monge chamado Tenzin – nos pegava no hotel e nos deixava em frente à residência de Sua Santidade, dois quilômetros montanha acima. Quando estávamos prestes a sair para nossa primeira reunião, a monção – atrasada várias semanas – resolveu chegar. Nos vinte segundos que levou para atravessar o jardim, um denso nevoeiro se formou e ficamos ensopados com uma súbita chuva repentina. Em meio a ataques de risos, comprimimos a nós mesmos, nossas malas e três guarda-chuvas abertos, no jipe. Um único limpador de pára-brisa se movimentava sobre o vidro, mas era totalmente inútil. Tenzin provavelmente confiara nosso destino à sua divindade tutelar, enquanto o carro cortava caminho através da opaca cortina de chuva, quase deslizando pela trilha estreita e tortuosa que ia dar na residência. Fiquei imaginando grandes trechos de estrada e montanha, secos ao longo de seis meses de estiagem e agora encharcados pelas chuvas torrenciais, resolvendo subitamente deslizar pelas encostas íngremes até o sopé de um penhasco, nas proximidades. Minha alegria ao pensar que iria me reunir com Sua Santidade se transformou em pânico. Felizmente, não tive muito tempo para me preocupar, porque o jipe já estava estacionando diante dos portões de Thekchen Choling – o palácio Mahayana Dharma –, o lar do Dalai-Lama. Depois que a última furiosa lufada de vento e chuva nos acompanhou até a zona de segurança, a tempestade cessou.

Os guarda-costas do Dalai-Lama me conheciam. Tínhamos trabalhado juntos na equipe de segurança de Sua Santidade em Paris. Mesmo assim, inspecionaram todo o nosso equipamento antes de nos deixarem passar pelos portões. O palácio é, na verdade, uma antiga residência, no declive da colina, e remonta aos tempos do colonialismo inglês; é constituído de alguns edifícios baixos, cercados por múltiplos jardins e degraus que formam um labirinto agradável, mas ligeiramente misterioso. Milhares de flores vistosas tinham desafiado o temporal, e os mais variados pássaros cantavam suavemente. As paredes das salas de espera e os corredores eram agraciados com doces imagens pintadas de budas e bodisatvas. Ao fundo, podia-se ouvir uma profunda e rítmica entoação de cânticos.

Na sala de espera, tentei coordenar meus pertences ensopados e minhas idéias dispersas. Felizmente eu tinha preparado uma lista de perguntas que esboçavam o projeto do livro. A primeira parte abordaria a situação do mundo, de um modo geral. A segunda parte se concentraria em problemas individuais, constituindo um exame da vida cotidiana. Achava essencial essa combinação, pois a sabedoria não serve apenas para esclarecer questões fundamentais, mas também deve ter relevância diária. Uma terceira seção lidaria com os mistérios naturais e humanos. Nessa última parte, eu faria a Sua Santidade perguntas a respeito da morte, da metafísica e da criação do universo.

Sobressaltei-me com a chegada de Tenzin Geyche, secretário de Sua Santidade. Já era a nossa hora? Tão rápido? Não, Tenzin Geyche só viera nos cumprimentar. Enquanto ele discutia detalhes de minha visita com minha colaboradora, Anne Benson, mergulhei em minhas notas, revisando afoitamente o planejamento para o dia. Finalmente, Lhakdor, o intérprete de tibetano/inglês de Sua Santidade, veio nos buscar. Descemos pela varanda e lá estava Sua Santidade, de pé à nossa frente. Ele me parecia mais alto cada vez que eu o via. Segurou calorosamente minha mão e conduziu-me até sua sala de estar particular.

Sua Santidade gosta de receber visitantes e passar tardes tranqüilas ouvindo tibetanos mais velhos contar-lhe histórias ainda mais velhas, em sua espaçosa e bem iluminada sala. Um enorme mapa em relevo do Tibete cobre uma parede, enquanto um pequeno altar com uma linda estátua e um *thanka* (pintura em pergaminho) de Chenresig ocupa a parede oposta. Quando tirei minhas notas e posicionei os microfones, Sua Santidade já estava alegremente sentado em sua poltrona, de frente para o jardim interno. Conversa fiada não cabe no vocabulário de Sua Santidade. Fomos direto ao assunto.

Há algum tempo, Anne, Lhakdor e eu passamos duas maravilhosas horas por dia com o Dalai-Lama. Anne transcrevia as fitas todas as noites, comparando-as com as notas de Lhakdor, no dia seguinte. Minha profunda curiosidade sobre a vida, minha atração pelo budismo tibetano e meu respeito pelo Dalai-Lama me proporcionaram inspiração em todas as entrevistas com Sua Santidade. Espero que o senso de espontaneidade e alegria, reflexão e surpresa, que transpareceu durante essas entrevistas venha novamente à tona em *Imagine All the People*.

Poder e valores

Fabien: Santidade, o senhor acha que é possível introduzir um sistema de leis, baseado no princípio budista de interdependência, que esteja mais em harmonia com a natureza humana bem como com a moderna sociedade global? É possível criar tais leis sem se referir a uma religião ou filosofia em particular?

Dalai-Lama: Do ponto de vista budista, as leis são uma criação humana. Existem, porém, diferentes sistemas. Alguns deliberadamente protegem uma única parte – estou me referindo às leis promulgadas por regimes totalitários, particularmente o comunismo. Esses sistemas legais são contrários à natureza humana e, pessoalmente, acho que são errados. Nos países democráticos, as leis também são feitas pelos homens, mas sua meta é proteger os direitos e os valores dos seres humanos. Em geral, penso que as leis deveriam servir como diretrizes para o uso adequado da iniciativa humana, da criatividade e da habilidade.

Fabien: O senhor acha que a democracia está ajudando as leis a evoluírem dessa maneira?

Dalai-Lama: Sim. Nos países democráticos, os sistemas legais devem funcionar dessa forma – e geralmente funcionam. Mas essas leis parcialmente contradizem o princípio budista de interdependência, pois não incluem "direitos democráticos" para o ambiente e para o reino animal. A maioria dos sistemas legais se refere somente aos direitos humanos e não considera os direitos dos animais ou de outros seres que dividem o planeta conosco. As leis que protegem os direitos e valores humanos e indicam modos apropriados de usar a habilidade humana não contradizem o carma nem a causalidade – não no sentido ocidental, em que as mesmas causas têm os mesmos efeitos, mas no sentido budista, em que cada efeito procede de uma causa que também deve ser considerada.

O problema, na realidade, é que, para a maioria dos indivíduos "poderosos", há uma diferença entre o princípio da lei e a sua aplicação. Quase todos os sistemas legais condenam a matança. Essa noção ocorre na maior parte dos países do mundo. Mas, na prática, indivíduos poderosos lidam com o ato de matar da mesma forma como lidam com a mentira. Para os políticos, pequenas mentiras são proibidas, mas grandes mentiras são aceitas. Para um budista, essa é uma contradição muito óbvia. O mesmo se aplica a matar. Quando um homem desesperado mata outra pessoa, esse simples ato é definido como assassinato. É errado. Mas o homem que mata ou dá ordem para matar milhares de pessoas é um herói! Isso é muito triste.

A maioria dos sistemas religiosos condena o assassinato, o estupro e o roubo. Na minha opinião, os princípios religiosos se baseiam em atitudes e sentimentos humanos naturais. Sua função essencial é inspirar os seres humanos a desenvolverem qualidades humanas básicas. Por isso, parece lógico que a maioria das leis seja consistente com os princípios do carma positivo. Mas, para que as leis religiosas e seculares se harmonizem com os princípios da interdependência, precisamos expandir sua perspectiva para que incluam a proteção ao ambiente e ao reino animal. É assim que podemos aplicar a visão budista da interdependência a uma visão mais abrangente de lei e ordem.

Fabien: E quanto ao dinheiro? O dinheiro tem poder intrínseco próprio? Temos meios de controlá-lo, como fazemos com as leis? O dinheiro é um servo de motivações superiores, ou se tornou um deus?

Dalai-Lama: Deixe-me dizer isto: o dinheiro é bom. É importante. Sem dinheiro, a sobrevivência diária – para não falarmos do desenvolvimento contínuo – é impossível. Portanto, não questionamos sua importância. Ao mesmo tempo, é errado considerar o dinheiro um deus ou uma substância dotada de grande poder próprio. Pensar que o dinheiro é tudo e que o fato de tê-lo em grande quantidade resolve todos os problemas é um grave erro.

Na abordagem budista, a felicidade mundana se baseia naquilo que podemos chamar de as quatro excelências: darma, riqueza, nirvana e satisfação. Nirvana, ou libertação do sofrimento, é a meta final. A satisfação alcançada numa vida temporal bem-sucedida é apenas uma meta transitória. Os ensinamentos são o meio de alcançar a liberdade interior suprema, ao passo que dinheiro e riqueza facilitam a felicidade material, a satisfação temporal. Devemos nos esforçar por conseguir aquilo que é positivo para todos os seres. Para conseguirmos isso, devemos estar atentos tanto às metas finais quanto às temporárias. O bem-estar e o dinheiro pertencem à segunda categoria. Na verdade, os textos budistas mencionam a fruição de oito qualidades, entre elas a riqueza, a saúde e a fama, que definem uma existência humana "afortunada". Para desfrutarmos a felicidade temporária, porém, precisamos, em primeiro lugar, ter paz de espírito. Em seguida vem a saúde, depois as boas companhias e, por último, o dinheiro, nessa ordem, embora, é claro, os quatro aspectos estejam ligados. Por exemplo, quando tivemos de fugir do Tibete, nossa primeira prioridade era salvar nossas vidas. Estar totalmente sem dinheiro era secundário. Se você está vivo, sempre é possível fazer amigos e ganhar dinheiro. A paz de espírito deve vir em primeiro lugar. A paz de espírito geralmente atrai prosperidade. Certamente, uma pessoa cujo espírito e cuja mente estão em paz usará seu dinheiro sensatamente.

A mente é a chave. Se alguma coisa deve ser considerada um deus, por assim dizer, é a mente, não o dinheiro. Uma mente sadia, positiva, é a prioridade máxima. Mas, se revertêssemos a ordem dessas prioridades, o que aconteceria? Acho difícil imaginar como uma pessoa com grande riqueza e saúde fraca, sem amigos e sem paz de espírito poderia se sentir ao menos ligeiramente feliz.

Fabien: Mas muita gente vive assim.

Dalai-Lama: Sim, principalmente os ricos como você! E o álcool acaba se tornando o melhor amigo, não é? No fim, a fortuna dessas pessoas se esgota e a saúde delas se deteriora. É por isso que alguém que consegue a paz de espírito, e não os outros três elementos, ainda pode sobreviver e ser feliz, mesmo sem boa saúde. A paz interior, sozinha, pode ser suficiente para definir a felicidade. Seguindo a mesma lógica, se você está em paz, saudável e cercado de verdadeiros amigos, certamente pode sobreviver sem dinheiro. Mas reverta a situação e observe o que acontece. Se alguém tem apenas dinheiro e não os outros três elementos, só viverá com problemas. É assim que vejo a situação.

Fabien: Certo, mas então como o senhor explica a importância que o acúmulo de dinheiro adquiriu no mundo moderno? Para mim, o atual sistema econômico não foi desenvolvido para fazer pessoas felizes – sua única meta é ganhar mais dinheiro, produzir mais riqueza.

Dalai-Lama: Você mencionou um ponto essencial. É um princípio geralmente aceito no Ocidente que, para a economia de um país ser saudável, o Produto Interno Bruto (PIB) deve crescer a cada ano. Se ele diminuir, todos entram em pânico. Alguma coisa está errada. Mais cedo ou mais tarde, teremos de mudar esse conceito arcaico.

Falando em termos práticos, baseio minha proposta de lidar com esse problema no enorme abismo existente entre os países do norte e os do sul. Na Europa e em outros países, há excesso de produção, enquanto os países do sul estão morrendo de fome. A BBC acaba de anunciar que uma em cada quatro crianças da Somália morre de fome. Isso é terrível. Na Índia também há muita gente pobre. No entanto, devo admitir que vi mendigos no Ocidente também! Estive em Graz, na Áustria. Observei um homem pobre num banco, em frente ao hotel onde me hospedei. Na manhã seguinte, olhei para fora, e ele ainda estava lá. Tinha dormido no banco. Eu me senti muito mal. Tínhamos tomado um excelente café da manhã, enquanto ele passava fome. Mandei que meu guarda-costas levasse um pouco de leite e pão ao homem. Ele descobriu que o pobre coitado estava desempregado e não tinha onde morar. Um mendigo no Ocidente. Isso é muito triste. Mas aqui, na Índia, há centenas de milhares de mendigos.

Fabien: Mas, sendo o senhor budista, qual é o seu ponto de vista a respeito do dinheiro? Ouvi dizer que não pode tocar em dinheiro.

Dalai-Lama: Por que não? Claro que eu toco em dinheiro!

Fabien: Mas notei que o senhor não abre envelopes contendo oferendas.

Dalai-Lama: Porque mando os envelopes ao meu escritório, que é onde se lida com isso. Eu posso tocar no dinheiro. Os votos de um monge budista determinam claramente que ele não pode tocar em ouro. Isso é proibido. Mas, de acordo com a prática bodisatva, se alguém lhe oferecer ouro com um coração sincero e você recusar, a pessoa pode ficar decepcionada. Em tais circunstâncias, até um monge pode tocar no ouro. O significado desse voto é reduzir o apego.

O mesmo se aplica às roupas. Por exemplo, a túnica de um monge é um dos 13 artigos, incluindo sua caneca de mendicância, o cajado e a cobertura para o chão, que ele pode considerar seus. Se eu tenho roupas extras – e obviamente tenho várias –, posso usá-las, mas não considerá-las "minhas". Devo compreender que elas pertencem ao meu abade ou a outra pessoa. Essas regras ajudam a reduzir o apego. Um monge não tem permissão de reivindicar posse de coisa alguma, exceto aqueles 13 artigos. Ele deve sempre manter a atitude de "isso não pertence a mim; estou usando para servir aos outros".

Tais regras se aplicam exclusivamente a monges e monjas, não a todos os budistas. Os votos que fazemos no dia da ordenação monástica envolvem três transformações: uma mudança de atitude, uma mudança de nome e uma mudança de roupas. E, como a partir desse dia o nirvana se torna nossa meta principal, devemos mudar nossa atitude mental e direcionar toda a nossa energia para esse fim. A questão da sobrevivência é resolvida pedindo-se esmolas. Chamamos a isso de mérito equalizador. O que você ganha, aceita. Os monges devem fazer suas refeições após o nascer do sol e antes que ele cruze o zênite. Nenhum alimento sólido é ingerido à tarde. O principal propósito dos quatro votos é reduzir o apego.

Fabien: E quanto ao apego ao dinheiro em geral, em se tratando de leigos? As pessoas costumam considerar o dinheiro como propriedade pessoal.

Dalai-Lama: Examinemos melhor essa questão. Eu acho que existem dois tipos de apego ou desejo envolvidos aqui. De modo geral, tenho à minha disposição vários milhares de dólares. Em certo sentido, sinto que esse dinheiro é "meu". Isso não significa, porém, que eu possa usá-lo para comprar comida, roupas ou qualquer outra coisa para mim. Esse dinheiro é gasto em projetos para ajudar os outros. Quando recebo uma doação de cem mil rúpias de um tibetano, por exemplo, sinto-me feliz. Penso: "Agora eu tenho dinheiro!". Alguma noção de desejo pode ser despertada em mim, mas não por uma coisa pessoal. Recebo do governo indiano uma mesada para minha manutenção pessoal e recolho alguns juros de fundos de investimento, pessoais. Uso esses últimos quando quero comprar um relógio de pulso ou alguma coisa pessoal, mas tomo muito cuidado ao gastar doações, principalmente as que são feitas em favor de pessoas doentes ou moribundas, utilizando-as apenas para fins espirituais ou educacionais. Pode haver algum tipo de desejo nessas circunstâncias, mas não é misturado ao apego pessoal.

Consideremos agora o caso de uma empresa que ganha muito dinheiro. Se esses lucros fossem usados para projetos de desenvolvimento comunitário ou para ajudar pessoas carentes, e não necessariamente consumido em nome de uma vida luxuosa, seria um exemplo de "desejo correto".

Fabien: Na minha opinião, o dinheiro está se tornando um pouco como o bezerro de ouro da Bíblia. Será que ele não é apenas uma imagem projetada por nossas necessidades e carências incessantes?

Dalai-Lama: Certamente que não! Para mim, a história do bezerro de ouro pode simbolizar os perigos potenciais de nossa atração pelo dinheiro e de nossos desejos cada vez maiores, quando substituímos

Deus por um objeto concreto. Como disse antes, o dinheiro é indubitavelmente importante. Para lhe dizer a verdade, eu até acho que, de um ponto de vista global, a quantidade de dinheiro produzida no mundo é insuficiente.

Deixe-me concluir a idéia anterior: o abismo atual entre o mundo rico e o mundo pobre não é só moralmente errado, mas também inviável em termos práticos. É uma enorme fonte de problemas globais. Veja os países europeus como a França, Inglaterra e Alemanha, onde muitos imigrantes do sul procuram emprego. Muitos são muçulmanos atrás de empregos simples, de baixo nível. À medida que eles aumentam em número, os moradores locais começam a se sentir pouco à vontade. A base do problema não é a presença dos muçulmanos, mas o abismo econômico. Se a Turquia e os vários países da África, de onde essas pessoas geralmente emigram, estivessem se desenvolvendo de forma adequada, seus habitantes não desejariam sair de lá. Não só essa situação é moralmente injusta; mas, deixando o abismo econômico como está ou permitindo que ele cresça, criamos enormes problemas para nós mesmos.

Fabien: Parte do problema é que o dinheiro dos países mais pobres, do terceiro mundo, não tem praticamente valor algum em termos de padrões econômicos globais. Os países do norte usam os países do sul como uma simples parte de sua linha de produção.

Dalai-Lama: Acho que as pessoas do sul também têm a importante função de encontrar meios de cobrir o abismo e equalizar as coisas. A principal responsabilidade está sobre seus ombros. Essas pessoas deveriam se esforçar mais nesse sentido. Visitei recentemente o Gabão, na África Central. Disseram-me que o solo lá é bom, mas que os moradores locais são apáticos e que uma pequena elite educada no Ocidente controla todo o país. Existe um grande abismo entre o norte e o sul, e outro *dentro* dos países mais pobres: um pequeno círculo de pessoas vive como ocidentais, enquanto as massas permanecem malvestidas e desnutridas. Acho isso muito triste. Nessas circunstâncias, o dinheiro que os países do norte dão aos do sul é desperdiçado. A elite do país pobre gasta todos os fundos construindo arranha-céus com imensos saguões e sistemas de ar condicionado – tudo muito bom –, mas na periferia das cidades e nas áreas rurais não há nada – nenhum progresso, nenhum desenvolvimento. Certamente seria melhor se essa elite educada no Ocidente desenvolvesse a motivação adequada, se preocupasse mais com o seu povo e investisse numa infra-estrutura verdadeiramente útil. Os países do sul também precisam investir em educação. Acho a educação essencial.

De qualquer forma, todos os especialistas em recursos naturais com quem conversei alertam que esse abismo entre "os que têm" e "os que não têm" deve ser reduzido. Atualmente, há 5,5 bilhões de seres humanos na Terra. Se o padrão de vida dos habitantes do sul subisse até o atual nível dos países do norte, o que aconteceria com os recursos naturais do mundo? A situação não seria sustentável. A China, por exemplo, tem uma população de 1,2 bilhão. Se cada família tivesse dois carros, o dano ambiental seria inimaginável. Só na Índia vivem novecentos milhões de pessoas. O conceito ocidental de um PIB maior a cada ano deve mudar, e rápido. O princípio em si contradiz todas as leis naturais e lógicas.

Fabien: O senhor acha que os ocidentais também deveriam ter menos carros?

Dalai-Lama: Certamente. Eles precisam desenvolver um sentido de moderação e de maior consideração pelos outros. As coisas deveriam ser feitas de uma maneira mais justa e igualitária. A questão do controle de natalidade também deve ser cuidadosamente considerada. Os países do sul devem refrear seu crescimento populacional.

Fabien: O controle de natalidade eficaz depende principalmente do padrão de vida. Quanto mais acesso à educação as mulheres tiverem, menos filhos gerarão, estatisticamente falando. Portanto, a educação parece ser o melhor meio de restringir a explosão populacional.

Dalai-Lama: Isso é muito bom. Mas que educação? Para falar a verdade, eu acho que a primeira coisa que os cidadãos dos países do sul devem fazer é reconhecer as conseqüências negativas dos atuais conceitos ocidentais de vida e economia. Temos de corrigir ou remodelar essa crença errônea no valor do PIB cada vez maior. Do mesmo modo, embora algumas fábricas e indústrias adotem hoje em dia novas formas de proteger o meio ambiente, os cidadãos do norte estão causando muito prejuízo ao meio ambiente do mundo todo. Isso me leva a dizer que, do ponto de vista global, o dinheiro produzido pelo mundo do norte ainda é insuficiente.

Fabien: O senhor acredita que o dinheiro tem algum poder mágico?

Dalai-Lama: Não! De jeito nenhum! Entretanto, as pessoas dos países industrializados não podem mais sobreviver sem dinheiro. Isso explica a importância crítica do dinheiro em nossa vida e por que a atitude das pessoas com relação a ele mudou com o passar do tempo. Se você visitar os nômades tibetanos, perceberá como o dinheiro significa praticamente nada para eles. Na verdade, seus rebanhos de animais suprem praticamente todas as necessidades diárias. A situação começa a mudar agora. Alguém mostrou a esses nômades a garrafa térmica, por exemplo. Agora eles querem comprar garrafas térmicas e acabam descobrindo que é preciso ter dinheiro para adquirir coisas. Para a maioria de nós, o comércio se desenvolveu a tal ponto que já não pode funcionar sem dinheiro. Por isso, é lógico respeitar o dinheiro. Nada há de errado nisso.

Outro fator a ser considerado em nossa postura com relação ao dinheiro é a concomitante falta de experiência espiritual que permeia a maior parte da vida moderna, industrializada. Por exemplo, não necessariamente todos os tibetanos, mas pelo menos aqueles cuja experiência espiritual é mais profunda, apreciam o dinheiro pelo que ele é, enquanto reconhecem que há outros valores mais essenciais. A maioria das pessoas, porém, não tem essa experiência espiritual cultivada, e a sociedade, como um todo, é regida pelas regras do dinheiro e do poder.

Fabien: Eu gostaria de discutir com o senhor também a questão do poder. Em tibetano, acho que se diz *wangtang*...

Dalai-Lama: Mas antes, quanto ao dinheiro, será que fui claro?

Fabien: Foi, mas fiquei um pouco decepcionado. O senhor disse que o dinheiro é importante, que tem seu valor, que é útil e que é bom dividi-lo.

Dalai-Lama: Eu disse também que o dinheiro não é tudo. Que há outros valores.

Fabien: Sim, mas aqueles que ignoram esses valores acham que o dinheiro é o mais alto objetivo. Eu acho que o dinheiro extrapolou as fronteiras das funções básicas, úteis.

Dalai-Lama: Claro, algumas pessoas se envolvem demais com o dinheiro. São capazes de passar vinte e quatro horas por dia pensando nele. Mas pode-se dizer o mesmo de um músico ou cantor. Todos os seus pensamentos e energias são dedicados à música. Eles até se esquecem de comer e, às vezes, sua saúde deteriora. Acho que é a natureza humana.

Fabien: Mas parece que toda a estrutura de nossa sociedade se baseia primariamente em ganhar dinheiro...

Dalai-Lama: Isso é característico das nações industrializadas. Você não pode vestir ou comer seus robôs e máquinas; por isso, o dinheiro se tornou uma prioridade. Um fazendeiro sempre pode comer e fazer roupas com o que ele cultiva. Ele consegue sobreviver sem dinheiro. Numa nação industrializada, isso não é possível. Tudo precisa ser comprado numa loja. Como se pode obter comida num supermercado, sem dinheiro? Se eu fosse a um supermercado com um filão de pão feito em casa e tentasse trocar por legumes, nunca conseguiria!

Fabien: Não mesmo!

Dalai-Lama: Toda essa estrutura não se desenvolveu da noite para o dia. Levou muito tempo.

Fabien: Concordo. Voltemos à questão do poder. De onde vem o poder?

Dalai-Lama: O poder? Vem das armas!

Fabien: Como?

Dalai-Lama: Penso que sim.

Fabien: Certo, então podemos ir diretamente ao próximo assunto!

Dalai-Lama: Há muitos tipos diferentes de poder. O verdadeiro poder vem da ajuda e do serviço aos outros. Esse comportamento faz com que as pessoas respeitem você. Elas estão dispostas a escutar seus conselhos e opiniões e o apóiam. A energia de muitas pessoas é, dessa forma, canalizada através de uma. Esse tipo de poder é positivo e autêntico. Nos países democráticos, os políticos fazem muitas promessas para que as pessoas os apóiem e respeitem. Infelizmente, quando chegam ao poder, se esquecem dessas promessas. O poder genuíno existe, mas é difícil dizer que um único indivíduo é poderoso. O poder físico é um conceito primitivo. Pode se aplicar à maioria dos animais, mas não serve mais para os seres humanos. Nosso conceito de poder mudou quando começamos a dar prioridade à inteligência. Hoje em dia, o poder não vem de um único indivíduo, mas das massas, que por sua vez confiam esse poder a um indivíduo cuja motivação, acreditam elas, é autêntica. No sentido negativo, uma única pessoa pode se tornar poderosa ameaçando o povo pela violência. Mas esse poder é agressivo e cruel.

Fabien: Mas existe também um tipo de poder indireto. Veja o exemplo de Mao Tse-tung ou de Stalin. Eles não chegaram ao poder começando pela violência, e sim pelas idéias. Essas pessoas nascem com poder, ou é o resultado de seu carma?

Dalai-Lama: Isso se deve a fatores cármicos, bem como a causas e circunstâncias atuais.

Fabien: E significa que essas pessoas são menos ou mais responsáveis do que se não houvesse fatores cármicos envolvidos?

Dalai-Lama: Pode haver uma diferença no nível de responsabilidade, mas, quando falamos de carma, nesse exemplo, isso quer simplesmente dizer que a pessoa que comete o ato colhe os resultados. Nesse sentido, o poder não é uma bênção concedida por Deus. Também é possível que, no momento do nascimento, uma pessoa não tenha o carma para ser poderosa, mas que acumule ou crie esse carma, mudando, assim, o rumo das coisas em sua vida.

Anne: Se o poder não se baseia mais em força física, e sim na inteligência, isso significa que poder é a capacidade de manipular os outros, usando idéias agressivas ou astutas?

Dalai-Lama: Tapeando...

Anne: Ou prometendo...

Dalai-Lama: Sim.

Anne: Mas essa inteligência também pode estar arraigada em *bodhicitta* (altruísmo)?

Dalai-Lama: Sim. Há uma diferença essencial, porém, entre poder adquirido através de ou na dependência de meios errados, como armas ou enganação, e o poder que advém de *bodhicitta.* O primeiro tipo dura pouco. Ninguém mais respeita Mao, Lênin ou Stalin, ao passo que Mahatma Gandhi ainda é respeitado por milhões de pessoas.

Fabien: Quando uma pessoa obtém poder, seja pelo meio que for, e o usa negativamente, o carma criado é mais forte do que se ela tivesse menos poder?

Dalai-Lama: Claro, se você estiver falando do resultado cármico para tal indivíduo.

Fabien: Então a responsabilidade dessa pessoa é maior.

Dalai-Lama: Sim. Como mencionei anteriormente, quando uma pessoa mata outra num ato de desespero, comete o pecado de tirar uma vida. Mas um general, freqüentemente considerado herói, tem o poder de ordenar aos seus soldados que matem milhares de pessoas no campo de batalha. Ele colherá o resultado negativo de toda morte e de todo sofrimento que resultar dessa ordem. Os soldados só carregarão o peso cármico que corresponde ao número de pessoas que eles mataram. A responsabilidade depende mais da intenção e da atitude do que da ação física em si. O general não mata fisicamente cem mil pessoas, mas ele toma a decisão que permite a ocorrência da matança. Portanto, ele é o responsável.

Fabien: Infelizmente, quando as pessoas adquirem poder, tentam usá-lo para fins pessoais. De acordo com a sua experiência, os políticos também lutam para chegar ao poder e esquecem sua responsabilidade quando o alcançam?

Dalai-Lama: Isso depende inteiramente da motivação e da meta da pessoa. Alguns indivíduos alcançam o poder por terem sido genuinamente prestativos para com os outros e continuam usando esse poder de forma responsável, com motivação sincera. Esse é um exemplo da ação correta relacionada ao poder.

No mundo dos negócios, você pode se tornar um bilionário através do trabalho árduo. Outras pessoas o respeitam porque você é rico. Você pode usar esse *status* para ganhar mais dinheiro; e, enquanto fizer isso de maneira ética, estará tudo bem. Sua motivação pode não ser positiva, mas pelo menos não é negativa. Se você adotar métodos questionáveis para ficar mais rico, como vender armas ou construir granjas, então o seu meio de vida se torna uma fonte de energia e carma negativos. Ao investir seu dinheiro na indústria avícola, por exemplo, você pode se tornar mais rico, mas à custa das vidas de outros seres. Pode haver muitos campos de investimento que são éticos ou neutros, como cultivar novas plantas, desenvolver tecnologia para uso doméstico, reciclar lixo, e assim por diante. Mesmo sem motivação positiva, pelo menos não faz mal apoiar essas atividades e se beneficiar delas. As pessoas poderosas precisam compreender a responsabilidade que lhes cabe e ser mais cuidadosas com suas motivações e com seus atos.

Fabien: O senhor acha aceitável que alguém se torne chefe de Estado, exercendo tremenda responsabilidade sobre a vida de muitas pessoas, sem ter uma "licença para o poder"?

Dalai-Lama: Nos países democráticos, um voto é uma licença. Se um político se mostra incompetente, será derrotado nas próximas eleições. Outra coisa boa na democracia é a separação dos poderes legislativo, executivo e judiciário.

Fabien: Isso é suficiente?

Dalai-Lama: Não sei, mas pelo menos cria algum tipo de proteção contra os políticos famintos de poder. Acho que atualmente a mídia também tem um papel importante nessa questão do poder. Quando os políticos tentam fazer algo discretamente, os jornalistas vêm logo bisbilhotar, com seus olhos aguçados e narizes compridos como trombas de elefante. Gosto de brincar com meus amigos jornalistas durante as entrevistas coletivas. É importante que os jornalistas também observem atentamente as próprias motivações, que deveriam ser sinceras.

Fabien: Quando o senhor se encontra com outros chefes de Estado, como Clinton, Mitterrand e outros, tenta influenciá-los de um modo sutil, com a intenção de ajudá-los a agir mais serenamente?

Dalai-Lama: Fundamentalmente, não faço distinção entre os indivíduos aos quais sou apresentado, seja um mendigo, seja o papa, seja o presidente Clinton – trato a todos no nível humano. Se tento ou não motivar alguém, é algo que depende da receptividade e da atitude da pessoa. Certo presidente que conheci queria trocar idéias comigo num nível mais profundo, espiritual. Claro que me dispus a colaborar com o seu desenvolvimento espiritual da melhor maneira possível. Quando conheci Jacques Chirac, que na época era prefeito de Paris, falamos sobre compaixão e tolerância por um bom tempo.

Fabien: Considerando a enorme responsabilidade desses líderes, o senhor não tenta incutir-lhes uma pequena semente de consciência, para que, justamente por serem líderes de comunidades humanas, se tornem mais alertas?

Dalai-Lama: Líderes ou não, se eles não são receptivos, nunca tento impor-lhes minhas idéias. Se uma pessoa tende a ser um tanto arrogante, também tento ser arrogante. É um impulso. Se a outra pessoa sente algo de genuíno em nosso encontro, então eu também sinto. Não há motivo para que eu abaixe a cabeça desnecessariamente. Geralmente, nesses encontros, se a outra pessoa é um pouco negativa, minhas frases costumam ser mais curtas e eu dependo mais do tradutor. Se a outra pessoa é sincera, tento me arranjar com meu inglês limitado.

Deixe-me dar outro exemplo. Uns trinta anos atrás, conheci um inglês, Felix Green, que era amigo íntimo do falecido Zhou Enlai, da China. O senhor Green tinha visitado a China regularmente durante muitos anos e tinha grande fé tanto no país quanto no comunismo. Ele veio a Dharamsala com vários filmes, esperando mostrar-me como as pessoas viviam felizes no Tibete e explicar que as coisas não eram tão ruins quanto nós, tibetanos exilados, acreditávamos. Ele tentou me convencer de que tudo andava bem em meu país. Falamos e discutimos por três ou quatro dias. Depois de muitas horas de discussão, ele finalmente mudou muitos de seus pontos de vista. Em casos assim, uma boa argumentação, baseada em motivação sincera, pode produzir resultado positivo, desde que as duas partes se esforcem por ser objetivas. É muito útil falar, falar, falar, até que se encontre uma solução.

Fabien: Mas, quando surgem oportunidades para essas trocas de idéias com outros chefes de Estado, o senhor as aproveita?

Dalai-Lama: É muito difícil. Com chefes de Estado geralmente não consigo ficar por mais do que meia hora!

Fabien: Eu esperava que o senhor usasse algum tipo de poder mágico.

Dalai-Lama: Se eu tivesse um poder mágico, já o teria usado há muito tempo sobre Deng Xiao Ping. Fracasso completo! Não tenho nenhum poder mágico.

Fabien: O senhor acha que seria útil se os chefes de Estado do mundo todo meditassem por cinco ou dez minutos todos os dias?

Dalai-Lama: Com certeza. Mais de trinta anos atrás, em Darjeeling, participei de uma função espiritual com o Karmapa (chefe da Escola

Kagyu de Budismo Tibetano). O ex-ministro-chefe de Bengala Ocidental fez um discurso no qual, como gesto de humildade, declarou: "Não sou uma pessoa espiritualizada, sou um político". Quando foi a minha vez de falar, repliquei, meio em brincadeira – mas, na verdade, bem sério –, que a espiritualidade é muito mais importante para um político do que para alguém que permanece recluso nas montanhas, em busca do despertar espiritual. Um eremita, ainda que não esteja envolvido em espiritualidade, não é capaz de prejudicar o público; mas o mesmo não se pode dizer de um político. O político é uma figura importante na sociedade e tem uma grande carência de espiritualidade. Se a mente de um indivíduo desses se deturpa, ele pode se tornar realmente perigoso para muitas pessoas. Portanto, é essencial que os líderes das nações cultivem a paz de espírito, uma atitude altruísta e um verdadeiro sentido de responsabilidade universal.

Fabien: O senhor conhece algum líder, além de si próprio, que medite regularmente?

Dalai-Lama: É difícil dizer. Um ou dois deles vieram me pedir aconselhamento espiritual.

Fabien: O senhor se sente mais próximo de John Lennon, o sonhador, ou de Gandhi, o político?

Dalai-Lama: ?!

Fabien: Deixe-me explicar. Lennon não era chefe de Estado, mas um famoso cantor. Sua canção "Imagine All the People" [Imagine todas as pessoas] foi um enorme sucesso no mundo todo. Veja, eu lhe trouxe a letra:

Dalai-Lama:

Imagine que não há paraíso; é fácil se você tentar.
Nenhum inferno abaixo de nós, e acima apenas o céu.
Imagine todas as pessoas, vivendo o dia de hoje.
Imagine que não há países; não é difícil fazer isso.
Nada que justifique matar ou ser morto, nenhuma religião.

Imagine todas as pessoas, vivendo a vida em paz.
Você pode dizer que sou um sonhador, mas não sou o único.
Espero que algum dia você se junte a nós, e o mundo será um só.
Imagine que não há posses; será que você consegue?
Sem necessidade de ganância nem de fome; uma irmandade dos homens.
Imagine todas as pessoas partilhando todo o mundo.
Você pode dizer que sou um sonhador, mas não sou o único*.

Fabien: Lennon defendia ardentemente a paz mundial. Esse foi um dos motivos por que ele foi assassinado – como Mahatma Gandhi, Martin Luther King Jr. e Anwar Sadat. As idéias dele eram maravilhosas, mas ele não era um típico líder mundial.

Santidade, o senhor é o líder espiritual e temporal do povo tibetano, e hoje vive em exílio. O senhor tem o mesmo carisma de Gandhi, mas não tem a influência de alguém como Clinton ou outros líderes mundiais. Como vê a si mesmo: um símbolo de esperança ou algo mais pragmático? Qual é o papel do 14º dalai-lama no processo da paz mundial?

Dalai-Lama: Não sei.

Fabien: O senhor é um sonhador, um ator, ou talvez ambos?

Dalai-Lama: Eu tenho uma ligação muito íntima com o Tibete e com os tibetanos, e nesse contexto geralmente defino a mim mesmo como um lutador não violento pela liberdade. Como você vê, não sou exatamente como Lennon. Mas, ao mesmo tempo, não sei. Isso me deixa muito triste. É difícil para os tibetanos, pois minhas duas funções

---

* Imagine there's no heaven, it's easy if you try. / No hell below us, above us only sky. / Imagine all the people, living for today. / Imagine there's no country, it isn't hard to do; / Nothing to kill or die for, and no religion too. / Imagine all the people, living life in peace. / You may say I'm a dreamer, but I'm not the only one. / I hope someday you will join us, and the world will be as one. / Imagine no possessions, I wonder if you can; / No need for greed or hunger, a brotherhood of man. / Imagine all the people, sharing all the world. / You may say I'm a dreamer, but I'm not the only one.

se entrelaçam. Para as outras pessoas, o dalai-lama é apenas mais um ser humano que sonha com um mundo em paz, desmilitarizado. Um simples monge budista, sem poder ou pátria. Mas não posso evitar: sinto-me responsável por todos esses refugiados tibetanos que têm uma ligação íntima com seu país.

Não acho que a paz mundial seja apenas um sonho. Acho que podemos fazê-la acontecer. Temos de nos esforçar. A paz mundial é possível!

Comunidade global

Fabien: Santidade, algumas pessoas, entre elas o senhor, dizem que é importante criarmos uma organização mundial não política, economicamente neutra, que devesse intervir nas áreas de ecologia, armamento e saúde. Que critérios o senhor sugeriria para criar e administrar uma organização assim?

Dalai-Lama: Na verdade, já refleti sobre esse assunto, e minhas idéias estão expostas num panfleto intitulado "Global Community and the Need for Universal Responsibility" (A comunidade global e a necessidade de responsabilidade universal) (cf. apêndice). Decididamente, acho que alguma espécie de um novo conselho seria útil. As Nações Unidas, pelo menos em seu atual estado, são uma assembléia de representantes políticos de diferentes governos. A prioridade máxima de cada representante é, naturalmente, defender o interesse de seu governo. Podemos perguntar até que ponto eles realmente representam o povo. Precisamos de um órgão mundial em que a função de cada membro seja proteger a humanidade em geral, sem considerar "minha nação", "meu continente", "minha religião" ou "minha cultura" em primeiro lugar. O bem-estar da humanidade em geral seria a principal preocupação de todos, transcendendo a todas as noções de fronteiras artificiais.

Alguns dias atrás tive a idéia de formar um conselho internacional de sábios. Cada país escolheria representantes que não fossem nem funcionários do governo nem políticos. Escolheriam humanistas imparciais, homens e mulheres com genuíno interesse pelas questões regionais, nacionais e internacionais. Essa seleção seria feita em todos os níveis – cidade, região, país, continente. Quando digo sábios, não me refiro a pessoas religiosas; precisamos de pessoas que estejam genuinamente interessadas em ecologia, em direitos humanos, em energia nuclear, em desarmamento e assim por diante.

Fabien: A ONU já considera a questão do desarmamento.

Dalai-Lama: Hum... No momento, o ponto focal da ONU é a redução de armas, e isso só se aplica a armas nucleares. A ONU está apenas começando a levantar a possibilidade de eliminar o armamento nuclear, mas ninguém está falando sobre a desmilitarização geral. Um de meus sonhos – mas é só um sonho – é a desmilitarização global.

Fabien: Como isso poderia funcionar? As cidades sempre precisarão de polícia.

Dalai-Lama: Onde quer que existam seres humanos seremos levados a encontrar pessoas maldosas. Por isso, se necessário, deve-se usar de força. As forças policiais serão ainda necessárias. Precisaremos também de alguma espécie de unidade de comando. Mas tudo isso deve ser baseado num esforço conjunto, internacional. Se tal conceito for amplo ou prematuro demais, podemos começar em âmbito regional e criar uma força coletiva muito eficiente para supervisionar aquela região do mundo, com alguns milhares de pessoas de cada país. Com o tempo, essas forças regionais se uniriam numa organização internacional. Mas não haveria mais forças militares pertencentes a nações individuais.

Fabien: Em seu sonho parece não haver mais nações.

Dalai-Lama: Isso mesmo. No mundo real, franceses e alemães já estão trabalhando juntos. Graças a essa situação, uma guerra entre França e Alemanha não será mais possível. Essa é a direção certa, e devemos continuar nela.

Fabien: Cinqüenta anos atrás ninguém teria acreditado que tal coisa fosse possível. Era algo muito mais improvável do que qualquer sonho.

Dalai-Lama: Assim é que deveríamos começar. Não é necessário desmilitarizar todas as nações ao mesmo tempo. As forças das nações individuais poderiam se unir numa única unidade de comando.

Fabien: Para lutar contra quem?

Dalai-Lama: Forasteiros, claro! (Ele ri.) Veja, se a China se tornar um superpoder sem mudar seu sistema totalitário, a Europa e outros países ocidentais devem estar totalmente preparados para enfrentá-la.

Mas, falando sério, os países árabes, o Oriente Médio, o norte da África e até todo o continente africano deveriam trabalhar juntos. Depois, as regiões central e sul do continente poderiam se unir a eles. Mesmo que não possamos por enquanto desmilitarizar completamente cada nação individual, pelo menos essas nações poderiam reduzir suas forças e se unir aos vizinhos. Isso reduziria bastante o perigo de conflito.

Fabien: Entre países individuais, talvez; mas poderia aumentar o risco de conflito entre grupos maiores, entre países árabes e europeus, por exemplo. As unidades militares regionais são apenas um passo, não a meta final.

Dalai-Lama: Sim, mas pelo menos cada nação começaria a se desmilitarizar. Em minha visão, as forças coletivas se formariam com um número igual de pessoas de cada país, independentemente do tamanho do país ou de sua economia. Por exemplo, Luxemburgo é uma nação minúscula, mas poderia contribuir com duas mil pessoas, assim como a Alemanha. O comandante seria escolhido democraticamente, e essa posição seria alternada entre diferentes pessoas, em diferentes períodos. Já expliquei essas coisas em alguns de meus textos sobre responsabilidade global. Acho que não mencionei a junção de forças sob um único comandante, mas expressei claramente o conceito de desmilitarização.

Fabien: De modo geral, o senhor é pessimista ou otimista?

Dalai-Lama: Otimista.

Fabien: Por quê?

Dalai-Lama: Por dois motivos. Primeiro, acho que a natureza humana é basicamente cortês e solidária. Segundo, tenho a convicção de que a inteligência humana, devidamente orientada, é perfeitamente capaz de encontrar soluções positivas. Para mim, o século XX, com todos os seus experimentos e suas descobertas, é o período mais importante de toda a história humana. Na primeira parte deste século*, alguns marxistas e leninistas acreditavam que os sistemas totalitários melhorariam a humanidade. Hoje sabemos que essas teorias não funcionam. Outros achavam que o socialismo seria a melhor resposta, mas isso também parece ter falhado.

Pessoalmente, ainda acho que a idéia do socialismo é válida. Mesmo o marxismo não é completamente errado. O recente colapso da antiga União Soviética não foi o colapso do marxismo, mas de um sistema marxista totalitário. O principal defeito do sistema totalitário é que ele instiga raiva e ódio como forças de mudança. E, mais uma vez, até as décadas de 1970 e 1980, as pessoas ainda pensavam que as decisões finais só seriam tomadas através da guerra. Esse conceito já foi superado.

Em seguida, veio a ecologia. Na primeira parte do século, todos ingenuamente achavam que os recursos da natureza seriam ilimitados e estariam sempre à disposição da humanidade. Hoje, a ideologia ecológica influencia os partidos políticos. Todas essas mudanças surgem da experiência que adquirimos como seres humanos. Do mesmo modo, o conceito de direitos humanos, individuais ou gerais, como, por exemplo, o direito de autodeterminação para um grupo específico, evoluiu. Essas idéias são hoje universalmente reconhecidas. Tal progresso me dá esperança para o futuro.

---

* As entrevistas ocorreram no final do século XX. (N. T.)

E, sem dúvida, as armas nucleares já estão sendo reduzidas. Dias atrás vi um documentário, na BBC, sobre a antiga Alemanha Oriental. Algumas pessoas tinham montado uma pequena fábrica especializada em produzir energia doméstica usando balas e bombas. Parece impossível dissolver ou desmontar essas armas, das quais temos grandes estoques; mas, pelo menos, podemos explodi-las numa fornalha especial e recuperar a energia em forma de eletricidade.

Fabien: É bom saber que a inteligência humana é capaz de transformar máquinas mortais em algo positivo.

Dalai-Lama: É uma notícia muito boa, uma iniciativa muito positiva. Assim, pelo menos as armas nucleares estão sendo reduzidas. Esses encaminhamentos me dão esperança. Porém, essas questões são complicadas. O que me incomoda é que as nações mais poderosas, que já possuem armas nucleares (e que não estão dispostas a abandoná-las), insistem em dizer às outras nações que elas não devem desenvolver o mesmo tipo de arma. Isso é injusto. Por que as nações menos poderosas deveriam aceitar isso? Acho que as cinco nações membros do Conselho Permanente da ONU devem começar o desarmamento unilateral *por si mesmas*. Primeiro elas deveriam se livrar de todas as suas armas nucleares, e depois dizer aos outros povos que não devem comprar ou fazer armas assim.

Fabien: Quando vejo o frágil equilíbrio de poder no mundo, parece uma cena de crianças brincando. O egoísmo e o desejo de competir criam muito conflito entre países e nações. Aonde toda essa competição nos levará?

Dalai-Lama: Vejo dois tipos de competição. Nossa tradição tibetana nos treina, por exemplo, quando dizemos "busco refúgio na *sangha*, a comunidade virtuosa", a considerar a comunidade de monges e sua disciplina um modelo de vida. Isso é uma competição, mas num sentido bem positivo. A idéia não é derrotar alguém, mas apenas ser tão bom quanto os outros ou melhor, e não ficar para trás. *Sangha* tem muitos níveis diferentes, variando da observância da ética básica e dos dez *bhumi*, ou estágios, até a iluminação total. O exemplo desses seres positivos e determinados nos estimula. Podemos pensar: "Quero alcançar essa meta, passo a passo. Se outros conseguiram, eu também consigo. Pelo menos, vou tentar".

Fabien: Nesse caso, uma pessoa está competindo consigo mesma, e a luta é contra a ignorância.

Dalai-Lama: Sim. Existe a competição, mas é usada de um modo bom. É positivo querer chegar primeiro, desde que a intenção seja abrir o caminho para outros, tornar mais fácil o caminho deles, ajudá-los, ou mostrar-lhes o caminho. A competição é negativa quando desejamos derrotar os outros, empurrá-los para baixo para podermos subir.

Fabien: O senhor às vezes não sente que os líderes mundiais são infantis em suas reações?

Dalai-Lama: Sim, claro. Muitas pessoas são assim. Acontece o tempo todo. Visitei a União Soviética em 1979, numa época em que havia muita propaganda sobre como os estrangeiros eram perigosos. As pessoas me encaravam, e eu me sentia estranho. Voltei anos depois, quando a lavagem cerebral era menor, e tive a agradável surpresa de descobrir que os russos que eu encontrava nas ruas eram seres humanos comuns. Por muitos anos, toda a máquina governamental, baseada em idéias de um ou dois indivíduos, tinha deliberadamente criado uma impressão errônea sobre o Ocidente.

Por que não deixar simplesmente que as pessoas sejam isto: pessoas? Não haveria divisão entre Ocidente e Oriente. Todos pertencemos à mesma humanidade. Freqüentemente, sinto que muitos problemas seriam resolvidos com mais facilidade se fossem tratados pelas próprias pessoas, em nível humano. Os líderes muitas vezes fazem tempestade em copo d'água. Sua inteligência é tão aguçada que eles criam todos os tipos de dúvidas e suspeitas desnecessárias. Talvez não o façam deliberadamente, mas costumam complicar as questões, em vez de simplificá-las.

Recentemente, discuti uma idéia que venho elaborando já há algum tempo. Percebo que os seres humanos, através de suas ações, criam muito sofrimento, não só para outros seres humanos, mas também para os animais. Mas os humanos são apenas uma espécie neste planeta – e uma espécie recente. Muitas outras espécies surgiram bilhões de anos atrás. Todas elas, desde o menor inseto, lutam para alcançar a felicidade e superar o sofrimento, assim como nós. Claro que alguns animais, como tigres e elefantes, também fazem outras espécies sofrerem com sua força e astúcia. Mas suas ações são limitadas, e eles só tiram a vida de outro ser quando estão com fome, para sobreviver. Os animais são capazes de sentimentos positivos, como compaixão, senso de responsabilidade e até tolerância. Do lado negativo, eles ficam zangados e sentem ódio e ciúme, como nós.

Em termos de sentimentos, não há diferença entre os seres humanos e os outros animais. É fácil observarmos os sentimentos de nossos animais de estimação. Os cães e os gatos têm desejo, apego e até uma forma limitada de altruísmo. Uma cadela tem o senso de responsabilidade para com seu filhote e é capaz de passar dificuldades para protegê-lo e cuidar dele. Os cães sentem ódio, raiva e ciúme. Mas a destruição causada pelas emoções negativas de um animal é limitada, e suas emoções positivas são construtivas apenas em sua pequena esfera.

É a inteligência humana que nos torna tão diferentes de outros seres vivos. Do lado positivo, nossa inteligência nos permite desenvolver um altruísmo ilimitado, o que é impossível para um animal. Pode haver algumas exceções, mas geralmente os cães e os gatos continuam sentindo compaixão só por algumas semanas ou meses após o objeto da compaixão lhes ser removido, enquanto os humanos que se conhecem e cultivam um profundo sentimento de respeito e amizade mantêm esse vínculo até o último dia de suas vidas. Essa capacidade é oriunda de nossa inteligência humana comum, que também pode, se for estendida, ser usada para desenvolver *bodhicitta*, ou altruísmo infinito.

Mas é aterrador ver a quantidade de destruição que os seres humanos podem causar quando sua inteligência se torna serva de emoções negativas, tais como o ódio. Temos de tomar cuidado com essa inteligência, que tem causado tanta destruição no mundo. Embora de um ponto de vista espiritual possamos dizer que os humanos são os mais preciosos de todos os seres vivos, vendo por outros ângulos somos a espécie mais destruidora que nosso planeta já conheceu. Não só infligimos dor às outras espécies – os milhões de peixes, galinhas, vacas e outros animais que consideramos comida –, mas usamos nossa inteligência até para planejar a destruição do planeta onde vivemos!

Pode parecer difícil, mas acho que é essencial associar economia à compaixão. No ano passado, desmontamos várias granjas em povoados tibetanos no sul da Índia por compaixão. Certo dia fui visitar um pequeno lago, para dar comida aos peixes que tínhamos libertado anteriormente. No caminho de volta, alguém me disse: "A propósito, o senhor viu a granja?". De repente, tive uma visão em que grandes grupos de galinhas marchavam em passeata com faixas onde se lia: "O Dalai-Lama não só salva, mas também alimenta os peixes. E o que ele faz por nós, pobres frangos e galinhas?". Senti-me terrivelmente triste por essas aves. No dia seguinte, discuti o problema com os oficiais competentes. "Se, por razões econômicas, não houver alternativas, então não tenho nada a dizer. Mas, se houver, por favor, pensem seriamente em desativar as granjas", disse-lhes eu. Parece que eles concordaram, e dali a algumas semanas cerca de oito mil frangos e galinhas foram libertados em nosso povoado, Bylakuppe, mais mil ou dois mil em Orissa e outro tanto em Tenzinkang. Não criamos mais aves para consumo em nossos povoados. Fiquei profundamente emocionado com a reação de meu povo e prometi viver pelo menos mais vinte anos. Eu disse isso sob influência da emoção – não foi uma previsão.

Fabien: Parece que a nossa inteligência é a base de todas as nossas perversões, mas o senhor diria que é também a base de todo o nosso potencial?

Dalai-Lama: A inteligência humana é a fonte de nossos problemas. Mas seria tolice pensar que a solução é reduzir a inteligência. Só há uma saída: não devemos deixar nossa inteligência ser guiada por emoções negativas e prejudiciais. Ela deve ser orientada somente pela motivação adequada e positiva, se quisermos que se torne magnificamente construtiva. Emoções profundamente positivas, como amor e compaixão, são os componentes mais básicos da natureza humana. Por isso, é possível para todos os seres humanos cultivá-las.

Fabien: O senhor pode falar um pouco sobre a diferença entre a noção cristã da compaixão e a budista?

Dalai-Lama: Quanto ao amor e à compaixão – os dois termos costumam ser associados na língua tibetana –, devemos discernir vários níveis. Um deles é o relacionamento entre um homem e uma mulher, que geralmente implica atração sexual e um sentimento de intimidade. Em razão do apego e do sentido de posse freqüentemente associados a esse sentimento, tendemos a classificar esse tipo de amor entre as emoções conflitantes ou negativas. Outro tipo de amor é a compaixão de uma mãe, o sentimento que ela tem de intimidade com seu bebê que ainda mama. Uma mãe não se sente apaixonadamente apegada ao seu filho, nem espera qualquer coisa dele. Entretanto, tem profundo interesse no bem-estar da criança e se compromete a fazer o que for melhor para ela. Isso, a meu ver, é a verdadeira compaixão. A compaixão perfeita é o amor que sentimos por nosso inimigo. Não envolve apego algum. Percebemos que alguém é um inimigo, tenciona nos fazer mal; por isso, tomamos todas as precauções necessárias para contrabalançar isso, enquanto continuamos sentindo interesse e compaixão por essa pessoa. Essa é a compaixão genuína.

Fabien: A compaixão também significa sentir o sofrimento dos outros como se fosse nosso?

Dalai-Lama: Sim, mas vamos nos concentrar por mais um momento na compaixão, num sentido geral. Quero explicar por que acredito que a natureza básica de um ser humano é a compaixão. Quando, como resultado de um bom casamento, o verdadeiro amor e a compaixão estão presentes no primeiro momento da vida de um ser, ocorre o tipo certo de concepção. Do contrário, o resultado é um filho indesejado. Existem tantas crianças indesejadas e abortos porque as pessoas têm relações sexuais sem o menor senso de responsabilidade.

Desde o momento da concepção e durante toda a gravidez, a mãe deveria permanecer calma e feliz. Quando a mãe está em paz, a criança consegue se desenvolver adequadamente. É muito prejudicial para o feto quando a mãe está nervosa, temerosa ou constantemente zangada. Durante as primeiras semanas após o parto, o principal interesse da mãe pela criança deve ser a amamentação. O bebê não tem consciência de quem é quem, mas, quando está mamando, ele confia completamente na mãe. A mãe, por sua vez, desenvolve um genuíno senso de responsabilidade e ternura, o que ajuda o leite a fluir. Nesse período, se a mãe desenvolve sentimentos de raiva ou ódio pela criança, o leite pode não vir como deveria. Sem leite, o bebê não sobrevive. Isso prova que nossa sobrevivência nos primeiros dias e anos de vida depende inteiramente de amor e compaixão.

Gosto de considerar o leite como símbolo da afeição humana. Fomos capazes de sobreviver, de nos desenvolver e de crescer graças a ele. No entanto, para permanecer viva, uma criança precisa de mais do que apenas o alimento. Os cientistas já estão reconhecendo quanto é essencial o contato físico com um bebê recém-nascido. Seja de um dos pais, seja de outra pessoa, o toque é crucial para o desenvolvimento do cérebro da criança. Mesmo num ambiente confortável, sem o contato humano direto um bebê não se desenvolve harmoniosamente. O contato terno é essencial. Nosso corpo precisa da afeição dos outros e a aprecia.

Hoje já se reconhece que as crianças que vivem num ambiente familiar afetuoso são mais saudáveis e se dão melhor nos estudos do que aquelas que não têm isso. O triste é que as pessoas que não recebem logo cedo a afeição humana acham muito difícil mostrar amor e afeição pelos outros, numa fase posterior da vida. Costumam ser frias e insensíveis. A partir de uma simples observação, podemos perceber que, quando nossa mente está em paz, os diferentes elementos do corpo funcionam em harmonia, mas, quando vivemos constantemente com raiva ou medo, não. Atualmente temos evidências científicas daquilo em que sempre acreditei: os verdadeiros fundamentos da natureza humana são a delicadeza e a compaixão. Nossa primeira professora de compaixão é, sem dúvida, nossa mãe, ou a pessoa que serviu de mãe para nós – até mais do que o nosso lama, ou professor espiritual. O lama só vem mais tarde.

Fabien: Às vezes, nunca.

Dalai-Lama: E às vezes o lama cria problemas! Mas uma mãe nunca cria esse tipo de problema. As mães são tão positivas, tão gentis! Claro que há casos excepcionais, em que uma mãe não liga para o filho, ou morre quando a criança ainda é um bebê de colo. Nesses casos, outra pessoa pode assumir o papel da mãe. O fato é que, se ninguém tivesse cuidado de nós na fase inicial de nossa vida, não teríamos sobrevivido.

Fabien: O senhor acha mesmo que basta a compaixão para fazer do mundo um lugar melhor?

Dalai-Lama: Com certeza. Deixe-me dizer-lhe o que está errado no mundo. Veja as crianças. Claro que elas podem brigar, mas, de modo geral, não guardam maus sentimentos por muito tempo, como fazem os adultos. A maioria dos adultos tem a vantagem da educação, mas, de que adianta serem educados e instruídos, se mostram um sorriso falso, escondendo dentro de si sentimentos negativos? As crianças geralmente não agem assim. Se estão bravas com alguém, demonstram e, logo depois, a raiva passa. No dia seguinte, voltam a brincar com a pessoa. Para mim, esse é o jeito honesto, espontâneo, da natureza humana nessas circunstâncias.

Parece que a educação... bem, não podemos culpar a moderna educação ocidental, porque as coisas começaram a mudar vários séculos atrás. Quando as escolas para os leigos e as instituições acadêmicas se espalharam e se tornaram acessíveis, a Igreja cristã ainda era muito poderosa e respeitada na sociedade. Ensinava as pessoas a desenvolverem um bom coração e um senso de ética, enquanto o intelecto ficava por conta das instituições leigas. Com a passagem do tempo, essas duas organizações foram se distanciando cada vez mais uma da outra. A influência da Igreja sobre a sociedade foi gradualmente declinando. O resultado foi que ninguém se incomodou em encorajar as pessoas a desenvolverem um coração bondoso. Ninguém alimentou o coração bom. A vida em família foi se tornando menos harmoniosa, e cada vez mais casais se divorciavam. Nesse período, o sistema educacional deu prioridade a certas formas específicas de inteligência e continuou a florescer. A formação espiritual e ética deixou de acompanhar o desenvolvimento da inteligência, enquanto o ódio e outras emoções negativas continuaram exercendo uma influência tão poderosa quanto antes.

Fabien: Muitas pessoas sentem essa falta de equilíbrio entre a inteligência e seus sentimentos. Sentem-se perdidas e gostariam de redescobrir a simplicidade em suas vidas. Isso é bom, mas essa insatisfação básica parece vir do fato de não termos cultivado a calma e a felicidade. Não temos a menor idéia de como diminuir o ritmo ou interromper o fluxo de nossos pensamentos. Nem sabemos como respirar corretamente. Tudo isso falta em nossos sistemas educacionais.

Dalai-Lama: O que falta é a ética, livre de qualquer conotação religiosa. Com a ajuda da ciência – particularmente das ciências médicas –, acho que podemos desenvolver um código de ética simples, fundamentado nas qualidades básicas, positivas, necessárias aos seres humanos na vida secular comum.

Fabien: Um código moral sem qualquer conceito religioso?

Dalai-Lama: Sim. A religião é útil para aqueles que reconhecem seu valor e desejam progredir num caminho espiritual. Mas os seres humanos podem sobreviver e se dar bem sem religião.

Anne: Em que princípios a ciência pode basear suas teorias éticas?

Dalai-Lama: No amor, em não fazer mal aos outros e em respeitar todos os seres. Até os animais têm esses elementos em seus padrões comportamentais. Poderíamos começar pela observação do modo de agir dos animais. Eles são honestos e gostam quando somos honestos com eles. Se, com uma mão, você dá alguma coisa gostosa ou atraente para um animal, enquanto a outra mão segura uma corda, a criatura sabe qual é a sua intenção. Entretanto, os animais não têm religião nem constituição. A natureza básica os agraciou com a faculdade do discernimento. Com os humanos, é a mesma coisa.

Anne: Santidade, como o senhor acha que podemos confiar nos cientistas? Após a Segunda Guerra Mundial, por exemplo, muitos médicos ocidentais diziam às mães que era prejudicial amamentar os recém-nascidos. Mesmo hoje, muitas mulheres não querem fazê-lo. Na verdade, em alguns hospitais do Ocidente, as mulheres ainda são instruídas a não amamentar o bebê.

Dalai-Lama: Sim, mas acho que novos conceitos estão surgindo. Hoje, os médicos dizem que a amamentação reduz os riscos de câncer no seio.

Anne: Bem lembrado. Só tenho medo de que leve algum tempo até as coisas mudarem. Enquanto isso, duas gerações de crianças ocidentais foram privadas desse contato íntimo, e o mundo vive em caos.

Dalai-Lama: Para criarmos um mundo melhor, mais feliz, podemos adotar uma estratégia dupla. Em primeiro lugar, devemos esquecer a geração atual – ela já está contaminada; em vez disso, focalizemos nossas energias na geração mais nova. Em segundo lugar, devemos começar a agir de imediato para reduzir drasticamente os níveis de poluição. Há grupos de pessoas trabalhando em várias partes do mundo para reforçar os direitos humanos, os direitos das crianças, para melhorar os sistemas de reciclagem, etc. Todas essas coisas estão acontecendo. Alguns indivíduos suspeitos, com pouca formação espiritual verdadeira, se auto-intitulam professores, mas na verdade se aproveitam dos outros, alegando preocupar-se com sua paz de espírito. Isso é algo triste; mas acontece porque, em relação à espiritualidade, as pessoas ainda são muito crédulas.

Em 1973, em minha primeira viagem à Europa, fui convidado para um jantar na casa do já falecido comissário da ONU encarregado de refugiados, em Genebra. Vários convidados importantes estavam presentes, mas estávamos conversando em tom bastante informal. Expressei meu sentimento de que a geração atual não tinha mais esperança. Meu anfitrião ficou um pouco chocado. Mas eu honestamente acredito que nossa prioridade deveria ser a preparação de uma estratégia a longo prazo, concentrada nas gerações futuras, para melhorar o estado do mundo.

Fabien: O senhor acha que uma pessoa pode mudar o mundo?

Dalai-Lama: Sim.

Fabien: Nesse caso, a melhor coisa a fazer é tentar melhorar a si próprio.

Dalai-Lama: Parece muito simples. Primeiro, é importante percebermos que somos parte da natureza. Em última instância, a natureza sempre será mais poderosa que os seres humanos, apesar de todas as nossas armas nucleares, equipamentos científicos e conhecimentos. Se o sol desaparecer ou a temperatura da Terra mudar em alguns graus, teremos sérios problemas.

Num nível mais profundo, devemos reconhecer que, embora façamos parte da natureza, podemos controlar e mudar as coisas, até certo ponto, graças à nossa inteligência. Entre os milhares de espécies de mamíferos na Terra, nós, humanos, temos a maior capacidade de alterar a natureza. Por isso mesmo, nossa responsabilidade é duas vezes maior. Moralmente, como seres de inteligência superior, devemos cuidar deste mundo. Os outros habitantes do planeta – insetos e daí por diante – não têm meios de salvar ou proteger o mundo. Nossa outra responsabilidade é desfazer a grave degradação ambiental, que é o resultado do comportamento humano incorreto. Agindo levianamente, poluímos o mundo com substâncias químicas e lixo nuclear e consumimos egoisticamente muitos de seus recursos. A humanidade deve ter a iniciativa de reparar e proteger o mundo. Claro que, quando dizemos "humanidade" ou "sociedade", é óbvio que a iniciativa deve vir de indivíduos. Comunidade é simplesmente o coletivo de indivíduos. É errado esperar de nossos governos, ou mesmo de Deus, orientação sobre essas questões.

Fabien: A tradição judaica diz que, como é em cima, assim é embaixo. Isso pode ser um modo de dizer que o microcosmo e o macrocosmo são interdependentes e, se um indivíduo mudar...

Dalai-Lama: Sim, essas idéias são relacionadas. Isso significa que cada indivíduo tem a responsabilidade de mudar. As mudanças no estado do mundo dependem do comportamento individual.

Fabien: Mas será que podemos honestamente dizer às pessoas que, se elas desenvolverem mais compaixão em casa e no trabalho, se forem mais cuidadosas com a poluição e mais abertas quanto ao que está acontecendo ao seu redor, elas podem mudar o mundo? Aos olhos da maioria, a tarefa parece grande demais.

Dalai-Lama: É verdade. Temos um grande problema, e o esforço individual parece insignificante. No entanto, no passado também era assim. Para os budistas, a vinda de Buda Shakyamuni à Índia e seus ensinamentos sobre as Quatro Nobres Verdades e sobre o altruísmo foram imensamente importantes; mas fora da Índia ninguém os conhecia. O mundo como um todo não mudou. Jesus Cristo começou a ensinar no Oriente Médio; mas nas Índias Ocidentais ninguém tinha a menor noção do cristianismo até tempos mais recentes. Quando um grande mestre aparece de tempos em tempos neste planeta – o que em si já é raro –, ocorre alguma mudança. Não é uma mudança completa, mas é um desvio rumo à direção certa.

Essa era a situação no passado. Hoje em dia, muita coisa mudou. As pessoas estão mais conscientes das situações tanto locais quanto globais, bem como de suas conseqüências. Se pensarmos corretamente, há uma grande esperança para melhorarmos a situação atual. Se, através da mídia e da educação, todos nós nos tornarmos mais cientes e fizermos um esforço unificado, positivo, nossas chances de mudar o modo de pensar da humanidade serão maiores do que nunca.

Fabien: O senhor acredita em evolução ou em revolução?

Dalai-Lama: Em evolução.

Fabien: A evolução é algo que demora muito, ou pode ocorrer subitamente, desencadeada por algum evento incrível – de natureza cósmica, talvez?

Dalai-Lama: Em comparação com toda a história humana, o século XX trouxe muitas mudanças súbitas. Um século é pouco tempo – apenas três gerações. Hoje as pessoas, em todos os lugares, estão mais conscientes de que há algo muito errado em seu atual modo de vida. Elas percebem que o sistema não funciona direito. Cada vez mais indivíduos, sejam eles japoneses, indianos, americanos, russos ou de outro lugar, estão chegando à conclusão de que alguma coisa está faltando. Essa percepção não é o resultado da bênção de Deus. Ela brota diretamente de nossas experiências neste século.

Falando em termos gerais, essa percepção é mais difundida em nações industrial e economicamente desenvolvidas, porque suas populações descobriram que a frustração mental ainda é excessiva, apesar do "desenvolvimento". Em países como a Índia, a maioria das pessoas ainda não saiu do nível da pobreza básica. O que significa a ecologia para elas? Quando sua sobrevivência depende da madeira cortada que eles coletam, como você pode dizer aos habitantes das áreas rurais que não cortem árvores? Como você pode dizer aos mendigos que dormem ao relento nos guetos urbanos que não urinem na rua? Como se pode discutir higiene com os sem-teto e com os marginalizados?

As pessoas precisam primeiro atingir um certo grau de evolução mental. Uma vez que suas necessidades básicas sejam supridas, elas começarão a perceber, por experiência própria, que o conforto material não é suficiente para criar felicidade. As pessoas precisam ter consciência de que, mesmo com todo esse conforto, com todo o dinheiro e um PIB que cresce ano a ano, elas não são felizes. Precisam compreender que os verdadeiros culpados são nossos desejos desregrados. Nossas necessidades não têm fim.

Economia e altruísmo

Fabien: Santidade, fiquei intrigado com o que o senhor disse a respeito do marxismo no Congresso sobre Negócios e Ética em Paris, em 1994. O senhor pode reiterar a distinção que fez entre o que é o marxismo original e o que as pessoas pensam que ele seja?

Dalai-Lama: A pergunta essencial marxista é esta: Como o dinheiro deve ser distribuído na sociedade? Enquanto o marxismo se baseia em considerações éticas, o mesmo não se pode dizer das teorias econômicas cujo objetivo principal é o lucro. Mas, na prática, o marxismo insistiu excessivamente no ódio aos ricos. A idéia de Marx, de ajudar as classes trabalhadoras, era boa; mas seu sistema de pensamento deixou-se comprometer por causa da falta de compaixão. Isso demonstra que as considerações materiais e espirituais devem estar juntas.

Fabien: Então, o senhor sugere que o altruísmo, contrário à pura competição e ao desejo de dinheiro, deveria ser uma das principais forças no mundo dos negócios? Isso parece um idealismo excessivo e distante do mundo dos negócios que a maioria das pessoas conhece.

Dalai-Lama: Encontrar um meio de unir economia e altruísmo é muito difícil. Esses dois campos, porém, podem – e devem – se encontrar tanto no âmbito global quanto no individual.

No âmbito global, devemos tomar medidas imediatas para criar códigos de ética no mundo dos negócios e no das finanças. Do contrário, esses dois clubes continuarão a proteger interesses próprios, criando ao mesmo tempo problemas ecológicos extremamente sérios para o resto do mundo. Também devemos nos lembrar de que a economia é responsável por criar o abismo inaceitável que existe hoje entre nações e até entre pessoas da mesma nação. Se continuarmos por esse caminho, a situação pode se tornar irreparável. O abismo aterrador entre "os que têm" e "os que não têm" acabará criando muito sofrimento para todos, inclusive para o próprio mundo das finanças. Portanto, ampliemos nossas perspectivas para incluir o bem-estar do mundo inteiro e as futuras gerações em nossa visão de economia. É óbvio que a economia precisa se tornar mais humanizada. Todos aqueles que têm uma função a desempenhar nas finanças e nos negócios deveriam desenvolver um senso de responsabilidade baseado no altruísmo e levar em conta o que é bom para o mundo inteiro. Do contrário – e provavelmente mais cedo do que pensamos – as economias mundiais se verão em circunstâncias extremamente difíceis.

Na primeira parte do século XX, as coisas estavam bem; mas agora, no final dele e no início do século XXI, devemos pensar com cuidado no futuro, já que a população humana aumentou muito. O mundo inteiro está atualmente muito mais interligado; é o que se chama de "globalização". Em virtude dos intercâmbios comerciais, a moeda corrente – que nada mais é que pequenos pedaços de papel – se tornou muito importante, como já mencionamos antes. Por quê? Porque sem o dinheiro não podemos viver o cotidiano. Tornamo-nos frágeis demais. Para mim, a indicação de que algo está muito errado no mundo de hoje é o fato de que, quando a economia dos Estados Unidos espirra, o mundo inteiro pega um resfriado.

Não deveríamos esquecer nossas verdadeiras metas. Deixe-me darlhe um exemplo baseado em minha casa, aqui em Dharamsala. Se eu achasse que o dinheiro tem importância primordial para a obtenção da felicidade, poderia derrubar todas as árvores de meu jardim e angariar alguns milhares de rúpias. Entretanto, com esse ato eu estaria criando sofrimento para mim mesmo. Se todas as árvores aqui fossem cortadas, eu teria de vender minhas mesas para conseguir dinheiro. Acabaria ocasionando a mim mesmo um desastre. Na realidade, a obtenção de lucro proveniente dessas coisas materiais anularia por completo meu propósito original: a busca da felicidade. Do mesmo modo, as economias unilaterais e de visão estreita logo esgotam todos os nossos recursos naturais. Nossa terra fica poluída, e a água, contaminada. Mas no mundo da economia, quem se importa com a terra? O que é a água para os economistas egocêntricos e para os homens de negócio? Sua ganância e falta de visão estão fazendo nossa atmosfera mudar, causando sofrimento a todos nós. Essas são as conseqüências negativas da busca cega pela riqueza.

O problema é o mesmo com a ciência. Observe o trabalho dos geneticistas. Parece algo maravilhoso, mas eles só vêem, estudam e manipulam um gene específico, deixando geralmente de prever as conseqüências maiores de suas ações. Talvez muitos dos físicos que desenvolveram as várias formas de energia atômica e nuclear não tivessem a intenção de criar bombas e destruir tantas vidas inocentes, mas essa foi a conseqüência de suas invenções. Catástrofes como o lançamento de uma bomba atômica são o resultado de visões econômicas estreitas. Estamos repetindo os mesmos erros. Será que isso ficou claro?

Fabien: Sim, e é assustador. Esse é o nível global.

Dalai-Lama: Sim. Agora, passemos para o âmbito individual. O propósito de ganhar dinheiro é satisfazer as necessidades pessoais. Às vezes é apenas uma questão de alívio poder afirmar: "Tenho bastante dinheiro". É verdade – as pessoas pobres vivem preocupadas e ansiosas. Podemos pensar que aquelas que têm muito dinheiro estão satisfeitas com sua riqueza. Entretanto, os milionários freqüentemente querem uma riqueza cada vez maior. Nunca alcançam a genuína satisfação. Tenho amigos no mundo dos negócios. Alguns são ricos e costumo brincar com eles, dizendo: "Agora vocês estão livres da pobreza, mas são escravos do dinheiro. A verdade é que vocês nunca ficam satisfeitos".

Fabien: Kalu Rinpoche certa vez disse: "Uma pessoa que não tem dinheiro está sempre pensando em dinheiro. Uma pessoa que tem dinheiro demais está sempre pensando em dinheiro. Nenhuma das duas tem paz de espírito". Os ricos não só trabalham para ganhar dinheiro, mas também lutam para manter o que já têm. Vivem com medo de perder sua riqueza.

Dalai-Lama: Então, o resultado é o oposto de sua intenção original. Eles não enxergam mais o verdadeiro propósito. Queriam ganhar dinheiro para se tornarem livres e satisfeitos, mas, quando o obtêm, não conseguem a satisfação mental, muito menos o contentamento. Não ficam nem felizes nem satisfeitos. De que adiantou?

Fabien: Examinemos o dinheiro por um outro ângulo. Assim como o poder, o dinheiro parece ter um efeito perverso na mente das pessoas. Exceto para apresentar uma teoria econômica ou organizar um encontro, quem ousaria mencionar a ética no mundo dos negócios e das finanças? O mundo dos negócios é separado da humanidade, como se fosse um país independente, com um sistema legal próprio. Como é possível introduzir noções de bondade e altruísmo num ambiente assim?

Dalai-Lama: O altruísmo tem dois aspectos. Amar os outros não significa que devemos nos esquecer de nós mesmos. Quando afirmo que devemos ter compaixão, não estou dizendo que devemos ajudar os outros à nossa custa. De jeito nenhum. Às vezes digo que os budas e os bodisatvas são os mais egoístas de todos. Por quê? Porque, cultivando o altruísmo, eles alcançam a felicidade suprema. Nós, em nosso egoísmo, somos muito tolos e tacanhos. Só criamos mais sofrimento para nós mesmos. O egoísmo dos budas e dos bodisatvas é funcional e eficiente. Permite-lhes atingir não só um alto nível de consciência, mas também a capacidade de ajudar os outros. Isso é verdadeiramente meritório. Para mim, é prova de que, para criar a felicidade pessoal máxima, um indivíduo precisa desenvolver compaixão. Essa é a lógica budista. Se a compaixão induzisse à amargura, ela seria questionável. Para que praticar algo que nos traz mais problemas? Mas certamente a compaixão não é assim. Imagine se todos nós vivêssemos sem compaixão, pensando só em nós mesmos. Sofreríamos imensamente. Quanto mais você pensa nos outros, mais feliz você é.

Fabien: Fiquei muito chocado quando, em Berlim, o senhor disse algo como: "Sejam egoístas. Pensem nos outros". Então, o altruísmo é um egoísmo inteligente.

Dalai-Lama: Isso mesmo. Mas voltemos à economia. Quando dizemos que precisamos de compaixão e altruísmo no mundo dos negócios, isso significa que as pessoas que trabalham nas áreas de comércio e finanças deveriam mostrar-se mais conscientes da ampla gama de conseqüências negativas ou positivas de suas decisões e atividades. Se ocorrer negatividade geral, acabaremos todos sofrendo, no fim.

Gosto de mim mesmo e não quero sofrer. O problema é que, se eu usar toda a minha energia para criar a felicidade pessoal, acabarei colhendo dor e sofrimento, como resultado de minha negligência para com os outros. Mas, se eu cultivar o altruísmo, naturalmente irei desenvolver não só um sentido mais profundo de amor e responsabilidade, mas também uma perspectiva mais ampla. Esse é o ponto principal.

Fabien: Digamos que você esteja administrando uma empresa e se esforce para ter a mente aberta – pelo menos até aprender a ser verdadeiramente altruísta – e doe uma determinada parte de seus lucros às pessoas carentes. Mas também deve levar em conta o dinheiro que o governo leva de você e o que faz com ele, como, por exemplo, gastá-lo em defesa.

Dalai-Lama: Armas?

Fabien: Sim. O senhor certamente sabe que, embora algumas atividades de nossos governos sejam altruístas, muitas são dirigidas exclusivamente à obtenção de lucros ou à produção de armas, capazes, por vezes, de destruição em massa. Enormes quantidades do dinheiro que ganhamos são engolidas sem o menor escrúpulo, e não podemos dizer nada. É muito frustrante. Eu não vejo uma forma de mudar a direção dessas máquinas governamentais que continuam esmagando as pessoas, em meio aos seus erros calamitosos.

Dalai-Lama: Como eu lhe disse, esta geração está perdida, poluída. Todo o sistema estabelecido criou essa situação. Para discutirmos essas coisas, acho que devemos examinar mais profundamente a natureza humana. Por exemplo, creio que podemos afirmar que os seres humanos – educados ou não – têm uma reação fortemente contrária à idéia das bombas de nêutrons. Por quê? Eu as acho maravilhosas. A bomba de nêutrons é sem dúvida uma das maiores conquistas humanas, porque projetada para atingir infalivelmente o alvo. E o alvo da bomba de nêutrons é apenas o ser humano, não as casas e construções. Tudo o que for inorgânico permanece intacto. Só os seres vivos – plantas, inclusive – morrem. Mas o bom nisso é que o inimigo – aquele que tentamos pegar – é irremediavelmente destruído.

Quem é o nosso inimigo? O ser humano. Ele é o verdadeiro criador de problemas. Numa guerra tradicional, não só o exército adversário sofre, mas cidades inteiras são destruídas e muitos inocentes nesta e nas gerações seguintes também sofrerão. A bomba de nêutrons é muito limpa e honesta. Os verdadeiros criadores de problemas são eliminados, mas nenhum dano é causado às construções. Assim, quando a guerra termina, outras pessoas podem tomar conta das cidades, confortavelmente.

De qualquer forma, a questão é que não só as pessoas poderosas, como políticos, técnicos e chefes militares, são contra essa bomba – *todo o mundo* é contra ela. É uma arma aterradora para seres humanos. O verdadeiro horror da inteligência negativa se manifesta claramente. Criamos uma arma superpoderosa, uma destruidora de massas que se exibe em todo o seu esplendor tecnológico. É aí que eu quero chegar. As pessoas naturalmente sentem que há algo terrivelmente errado numa invenção assim. Nada tem a ver com religião. É a percepção humana básica.

Isso me lembra outra observação que já fiz. Eu a experimentarei em você, Fabien. Se eu colocasse nesta mesa um copo com sangue e outro com leite, qual deles você preferiria?

Fabien: O copo com leite, porque não gosto de ver sangue.

Dalai-Lama: Por quê?

Fabien: Porque sangue significa sofrimento. Quando você se corta ou se machuca, sangra.

Dalai-Lama: Sim, mas sem sangue não sobrevivemos. O cérebro, principalmente, precisa de sangue, não de leite. Portanto, na verdade, o sangue é mais importante para nós. Ocasionalmente precisamos de leite, mas do sangue precisamos sempre. Se alguém se fere gravemente, pensamos em transfusão de sangue, não de leite. O sangue sustenta a vida. De fato, deveríamos nos sentir mais próximos do sangue que do leite. Mas também sentimos, como você corretamente mencionou, que o sangue significa dor, que o nosso corpo está ferido quando sangramos. O sangramento geralmente ocorre como resultado de briga, raiva ou ódio; por isso, quando vemos sangue, ficamos assustados. O leite é o resultado do amor e da compaixão; assim, quando o vemos, sentimos paz. Embora nesse sentido o sangue seja mais fundamental para nós do que o leite, o fato de associarmos o sangue ao sofrimento e o leite a um produto da paz prova que, de alguma forma inata, somos atraídos à paz, ao amor e à compaixão, enquanto pela violência e pelo sangue sentimos repulsa.

A natureza humana é profundamente sensível. Proponho que todas as nossas atividades, principalmente a economia e a guerra, sejam conduzidas de acordo com uma abordagem mais natural, mais humana. Hoje em dia não temos consciência de nossa verdadeira natureza humana – nossa inteligência é tão poderosa que obscurece essa disposição inata, compassiva e orgânica.

Fabien: Então o senhor acha que nos alienamos de nossa genuína natureza humana?

Dalai-Lama: Acho que sim. Quando pensamos em bombas de nêutrons e outras coisas desse tipo, nossa natureza instintiva reage. No que diz respeito à economia, porém, temos um duplo dilema: os perigos potenciais da economia não altruísta não são imediatamente detectáveis, e nossos desejos tacanhos costumam sufocar as mensagens da natureza humana básica. Mas pelo menos nossa humanidade básica ainda se revolta contra as coisas mais horrendas, graças a Deus.

Fabien: Tudo o que o senhor diz é muito lógico e sensato. Poderia nos dar um conselho sobre como redescobrir nossa humanidade básica de maneira simples?

Dalai-Lama: Conselho? Se eu fosse um ditador, daria... (Ele ri a valer.) Se eu tivesse todo o poder do mundo, bolaria um plano adequado para um futuro a longo prazo, baseado na educação em harmonia com a natureza humana, um sistema que permitisse que as qualidades humanas básicas aflorassem e se desenvolvessem até os seus limites. Aí, quanto à situação presente (risos), eu colocaria todas as pessoas que não respeitam seu próprio valor humano básico num campo de concentração. E o primeiro que eu colocaria lá seria *você*, Fabien! Isso seria mutuamente benéfico: primeiro, haveria menos problemas na sociedade; segundo, você perderia peso!

Bem, falando sério agora. É muito difícil dar conselhos. São os escritores e a mídia que devem alertar as pessoas dos desastres com que nos defrontaremos se a atual situação social, econômica e espiritual continuar em sua presente trajetória.

Na verdade, sou otimista. Veja o exemplo dos problemas ambientais. Os cientistas e associações que defendem o ambiente nos informam repetidamente sobre os problemas ecológicos que afligem a Terra, tais como o aquecimento global e a poluição geral da água e do ar. Agora a consciência disso começa a se espalhar pelo mundo. Novas técnicas vêm surgindo para evitarmos a poluição sem que seja necessário mudar o processo da indústria ou da economia. Durante uma recente visita que fiz a Estocolmo, meus amigos me disseram que, dez anos atrás, os peixes tinham praticamente desaparecido de um rio das proximidades. Agora já estão se regenerando, simplesmente porque as usinas industriais ao longo daquele rio fizeram um esforço para proteger o ambiente. Em outras palavras, conseguiram melhorar a situação sem destruir a indústria. Recentemente estive na região de Ruhr, na Alemanha, um centro industrial. Uma grande empresa me mostrou um filme sobre as diferentes medidas que estava tomando para reduzir a poluição e reciclar o lixo. Sem mudar sua estrutura inteira, eles estavam causando bem menos danos ao ambiente. Esse é o caminho.

A preocupação com a ecologia cresce com a disseminação apropriada e difundida da informação. Gradualmente, as pessoas estão se convencendo de que a situação é séria e de que devemos cuidar do planeta. Já notei que, agora, alguns hotéis pedem aos hóspedes que não desperdicem eletricidade ou água. Isso é um bom começo. Da mesma forma, a mídia deve falar da importância do altruísmo em toda atividade humana. A questão deve ser discutida exaustivamente, em jornais, no cinema, no rádio, na televisão. Acho que sempre há clima para fazer isso. As áreas médicas e científicas devem apoiar a teoria do altruísmo. Os ecologistas a apoiarão, e os movimentos pela paz também. Raciocinando logicamente, todas as famílias encorajarão o movimento, desde que o sistema educacional também seja melhorado, colaborando para que as crianças se tornem menos violentas. Então, até a força policial mudará, e todos começarão a pensar e a agir com mais ternura, altruísmo e compaixão.

Algum tempo atrás estive conversando com um amigo suíço que trabalha para uma organização não governamental que ensina ética e paz. A princípio, as autoridades educacionais locais tinham desconfiança e relutavam contra trabalhar com essa organização. Com o tempo, o governo suíço procurou meu amigo e disse: "Notamos que seus métodos são eficazes para impedir a violência na escola. Gostaríamos que você participasse mais nas escolas". E esse é apenas um exemplo. Acho que um dia será possível que os governos estabeleçam uma política de apoio a essa idéia de humanidade básica e atividade altruísta. A ONU poderia também se engajar.

Fabien: Santidade, nós, como indivíduos, podemos escolher se vamos investir nossos fundos naqueles setores da economia que são positivos, em vez de financiar fábricas de armas ou a indústria química. Isso pode acelerar a mudança para um mundo melhor? É um meio eficiente de pressionar os setores destrutivos de nossa sociedade?

Dalai-Lama: De modo geral, acho que não há nada de errado com as substâncias químicas.

Fabien: Depende do que essas empresas produzem e de sua motivação principal, se é o lucro ou o bem-estar da humanidade.

Dalai-Lama: Tínhamos uma regra, no Tibete, e, de acordo com ela, qualquer pessoa que apresentasse uma nova invenção tinha de garantir que era benéfica, ou pelo menos inofensiva, para sete gerações, antes de ser adotada.

Fabien: É um princípio muito sensato. Tem sido fácil demais investir fundos e obter grandes retornos em países onde os direitos humanos básicos não são respeitados, como a África do Sul sob o *apartheid* ou a atual China. Que peso cármico acumulamos ao apoiarmos esses regimes, mesmo que indiretamente?

Dalai-Lama: Não falemos de carma, mas simplesmente de nossa responsabilidade para com o mundo todo. Não devemos investir nosso dinheiro em armas, principalmente se a nossa meta for a desmilitarização em âmbito global e a redução do comércio de armas. Essa espécie de resistência pacífica é pequena, mas é uma contribuição definitiva para a paz. Uma mudança assim, porém, exige um adequado planejamento e coordenação. Recentemente vi um exemplo encorajador, na antiga União Soviética e na antiga Alemanha Oriental. Uma fábrica de armas tinha sido adaptada para poder transformar equipamentos militares pesados em tratores para fins agrícolas. A fábrica era a mesma, o produto praticamente o mesmo, mas a atitude e a aplicação mudaram.

Fabien: O senhor acha que a necessidade de trabalhar também é parte básica da natureza humana? E se o trabalho não fosse absolutamente essencial para definir um ser humano bem-sucedido?

Dalai-Lama: Acho que o modo ocidental de viver e pensar criou a atual sociedade em que vocês vivem, onde as pessoas desempregadas são inúteis. Tenho a impressão de que um desempregado tibetano não ficaria tão nervoso quanto um desempregado do Ocidente. Desde que ele tivesse o suficiente para comer e um teto, a vida seria muito boa. Uma pessoa assim estaria feliz, se pudesse folgar o dia todo, fofocar com os amigos de vez em quando!

É uma questão de mentalidade. No início da década de 1950, meus bons amigos, os chineses comunistas, me ensinaram importantes lições sobre esse tópico. Quando visitei Mao Tse-tung em Pequim, em 1954, ele explicou que a meta do comunismo era a liberdade total. Claro que, antes de tudo, tínhamos de trabalhar durante a semana. Assim, apreciaríamos a folga do fim de semana. Com o avanço do progresso, a situação se inverteria. Haveria menos trabalho e mais tempo livre, mais divertimento. Na verdade, todos teriam tanta folga que qualquer período curto de trabalho se tornaria um feriado! Não haveria distinção de classes. Trabalho para todos. Pegue o que você precisar. Não haveria mais "meu" e "seu".

Embora o atual quadro de desemprego nos países industrializados pareça muito desagradável, sinto que a culpa é dos conceitos criados por nossa sociedade. A principal culpada é essa idéia perversa de que os lucros devem aumentar a cada ano. Os seus economistas alertam que, a menos que o PIB cresça todos os anos, o país caminhará para o desastre. Dessa perspectiva, os desempregados são vistos como improdutivos – um sinal ominoso de regressão.

Fabien: É o problema de nunca estarmos satisfeitos.

Dalai-Lama: Exato. Se o conceito geralmente aceito fosse o de obtermos aquilo de que precisamos e nos darmos por contentes, a sociedade seria completamente diferente. Não seríamos sempre torturados por esse tipo de medo e ansiedade. Poderíamos descontrair-nos e ser felizes. Desenvolver o sentido de contentamento é um dom precioso. O desemprego não pareceria tão negativo. Poderíamos, então, usar nosso tempo livre de maneira positiva.

Fabien: Freqüentemente, as pessoas desempregadas sentem culpa.

Dalai-Lama: Qualquer um se sente culpado quando vive à custa do trabalho de outro. Partilhar o trabalho parece ser uma boa idéia. Por exemplo, uma fábrica com cem empregados poderia empregar outros cem por meio período e com a metade do salário. A primeira equipe trabalharia uma semana e descansaria na semana seguinte, enquanto a segunda equipe assumiria. Assim, todos teriam um emprego e se sentiriam úteis.

Fabien: Isso nos leva de volta à questão do altruísmo. A maioria das pessoas estaria disposta a dividir o trabalho, mas não o dinheiro.

Dalai-Lama: Provavelmente não custaria mais que o desemprego.

Anne: Meu pai, com o avanço da idade, começou a achar que o homem, por natureza, não foi feito para trabalhar. Segundo ele, do nascimento à morte, cada ser humano teria o direito de ver supridas suas necessidades básicas: comida, abrigo, vestuário, educação. Aqueles que quisessem ganhar mais e ficar ricos, poderiam; mas existiriam dois sistemas monetários: dinheiro virtual, que permitiria a todos viverem decentemente, e moeda forte, para quem quisesse enriquecer.

Dalai-Lama: É verdade que um sistema duplo funcionaria. Houve uma época em que as pessoas se sentiam muito atraídas pelo socialismo. O *kibutz*, em Israel, era um ótimo exemplo. O espírito do *kibutz* está caindo em desuso agora, mas a idéia original da primeira geração era realmente magnífica. Dentro de um país, as pessoas podiam escolher seu modo de vida de acordo com suas crenças. Nem todos os israelitas viviam no *kibutz*, mas aqueles que acreditavam nesse sistema eram livres para escolher esse estilo de vida, com um sistema independente de produção econômica. Dessa forma seria possível a coexistência harmoniosa, dentro de uma mesma nação, de comunidades socialistas, comunistas ou capitalistas, sem interferir umas nas outras. Posteriormente, quando as fronteiras nacionais desaparecessem, não haveria mais nenhum motivo para basearmos as coisas em *minha* cultura, em *meu* sistema. Cada nação se tornaria multicultural e acolheria todas as tradições espirituais. Cada economia também poderia tornar-se um sistema multifacetado. As fronteiras nacionais perderiam seu significado.

Num sistema assim, os desempregados também criariam uma comunidade onde todos pudessem dormir até tarde, fofocar por algumas horas, divertir-se um pouco e fazer exercícios. Nenhum membro da comunidade teria ciúme ou inveja dos outros. Não haveria necessidade de competição. As pessoas que quisessem, deveriam ser capazes de viver assim.

Anne: Não tenho certeza de que as pessoas geralmente "escolham" o desemprego. É uma situação que lhes é imposta.

Dalai-Lama: Hum... Não tenho resposta para isso no momento. As fronteiras nacionais criam muitos desses problemas. As nações industrializadas, de modo geral, têm bastante dinheiro e tecnologia. Em vez de enviar missões militares para "ajudar" os países subdesenvolvidos – África, por exemplo –, por que elas não os ajudam de fato, tornando seus desertos férteis e melhorando suas condições de vida? Quantas milhas quadradas de deserto os israelitas transformaram em vales verdes? Temos a capacidade de mudar as coisas, se quisermos.

Faço essa sugestão, como plano a longo prazo sob o regime de um governo mundial. Conforme discutimos no outro dia, se tivermos um conselho de sábios, o mundo poderá ser desmilitarizado. Quando as principais fontes de medo forem removidas, poderemos começar a trabalhar na questão do poder econômico. O ponto principal é que todas as decisões sejam tomadas dentro da perspectiva da responsabilidade global.

Fabien: Santidade, gostaria de conversar com o senhor sobre religião. A sociedade precisa de religião? Ela é uma necessidade individual ou um fundamento necessário para a política e para comunidades humanas maiores? Podemos funcionar sem religião?

Dalai-Lama: Religião é uma questão de liberdade individual. Basicamente, não posso dizer que a humanidade precisa de religião, porque a observação prova que somos capazes de sobreviver perfeitamente sem ela. Na verdade, dos 5,7 bilhões de seres humanos neste planeta, uma grande maioria é descrente. Mesmo assim, acho que a religião tem um papel importante nas sociedades humanas. Mas normalmente faço uma distinção entre religião e espiritualidade. A espiritualidade tem dois níveis: interno e externo. O nível externo consiste simplesmente em alguém ser uma pessoa de bom coração, gentil, que não prejudica os outros, respeita as leis e não mente nem mata, como mencionei antes. Isso podemos fazer sem nenhuma religião.

A espiritualidade interior ajuda a desenvolver e fortalecer nossas qualidades intrínsecas, e nesse sentido acho que a religião tem um papel importante a desempenhar, pois ela dá esperança a alguns indivíduos. Assim, as principais tradições religiosas têm grande potencial. É errado pensarmos que todas as necessidades humanas possam ser supridas por meios externos, sem o uso de nossas qualidades interiores. Nos seres humanos, um núcleo positivo é essencial para a sobrevivência. Nesse aspecto, as religiões podem ajudar.

Entretanto, não concordo quando algumas religiões dizem que é impossível desenvolver essas qualidades humanas mais profundas sem a graça de Deus. Isso é um problema. Se eu dissesse que essas qualidades humanas positivas só surgem ou aumentam pela graça ou pelas bênçãos do Buda, isso implicaria que todos os não-budistas perdem essa oportunidade. Não é certo dizer que uma pessoa que não acredita em Deus não pode melhorar.

Fabien: Esse é o perigo da religião "organizada". Os chefes das ordens religiosas freqüentemente tentam manter o "seu" povo sob controle, incutindo-lhe medo ou culpa.

Dalai-Lama: Sim, já ouvi falar da noção de um "povo temente a Deus". Isso só me confirma o caminho que estou tentando seguir. Certamente contribuirei com a humanidade como puder, a partir de minha tradição e experiência; mas não dou a menor importância à "propagação do darma".

Fabien: O senhor já foi acusado de proselitismo? Afinal de contas, é um mestre religioso.

Dalai-Lama: Não, isso não é problema. Basicamente, reconheço uma ampla variedade de disposições mentais entre os seres humanos. Para mim isso é totalmente aceitável. O próprio Buda reconhecia claramente que alguns de seus seguidores acreditavam no caminho de bodisatva, outros não. Ele sabia que o caminho maaiana dos bodisatvas era melhor e mais profundo, mas, para aqueles que não conseguiam segui-lo, ele dizia: "O seu nirvana é a meta final". Justamente para aqueles budistas que não estavam preparados para o pleno estado de buda é que os sutras mencionam três metas finais: dois estados inferiores de *arhatship* e o estado de buda em si. O Buda dizia isso reconhecendo as diversas circunstâncias e as capacidades das diferentes pessoas. Por isso existem quatro escolas do pensamento budista, com muitas contradições entre si. O Buda criou todas essas escolas para acomodar as diferentes disposições mentais de seus seguidores. Se só no budismo existem tantas disposições, deve haver muitas mais na família humana. O budismo sozinho não pode suprir todas essas diferentes necessidades.

Sinto, basicamente, que é melhor para cada pessoa seguir sua tradição religiosa. Essa é a mensagem que dou aos países cristãos. Budistas como você devem refletir com muita atenção. Talvez você perceba que o caminho budista é realmente mais eficaz; mas precisa ter total certeza de que é o seu caminho. Se tiver certeza, então tem o direito individual de mudar. Mas se hesitar, será melhor seguir sua própria tradição.

Fabien: Ouvimos coisas estranhas hoje em dia, como a história dos protestantes americanos que se inscreveram na Universidade de Lhasa, Tibete, para ficar no Tibete e converter os tibetanos; ou a história dos zelosos missionários da Mongólia. Soube que um mongol esperto conseguiu ganhar trinta dólares sendo batizado três vezes. Ontem li sobre um grupo de pessoas de origem hindu que quer renunciar sua conversão ao cristianismo, todas declarando que se tornaram cristãs em troca de ajuda quando passavam por terríveis necessidades. O que o senhor acha dos missionários?

Dalai-Lama: O zelo missionário advém de liderança religiosa e política, mas também pode nascer do desejo sincero. No início da década de 1960, muitos refugiados tibetanos estavam trabalhando em campos de trabalho em Kulu, Índia, construindo estradas nas montanhas. Um dia, conheci uma senhora americana que me disse: "Esses tibetanos são tão amáveis! Mesmo em condições extremamente difíceis, vivem animados e sorrindo. Cantam o dia todo, mas eu tenho pena deles". Ela começou a chorar. "Pessoas tão boas, mas não têm religião." Ela não só não compreendia que as canções deles eram orações, mas também não conseguia ver além de "um Deus, uma Verdade". Ela era sincera, mas não tinha conhecimento de outras religiões.

Fabien: Eu já não tenho esse problema, porque nasci entre o "povo escolhido"!

Dalai-Lama: Então, você é um judeu liberal. Tive vários diálogos com alguns proeminentes judeus eruditos e místicos. Eles gostaram muito de nossas discussões. Certa vez, um judeu erudito expressou sua preocupação quanto ao fato de alguns dos mais brilhantes judeus terem se convertido ao budismo. Eu lhe disse que nunca tento converter ninguém. Na tradição budista, você nunca pede a alguém que mude de religião. Isso seria considerado falta de respeito pelas pessoas. Por outro lado, se as pessoas nos procuram em busca de ensinamento, é nossa responsabilidade atender a seus pedidos.

Como mencionei antes, acredito que é melhor que as pessoas sigam sua própria tradição. Eu compreendi a preocupação daquele homem. A comunidade judaica é pequena, e, se alguns dos melhores sábios forem atraídos ao budismo, isso pode causar um problema prático. Antigamente, as diferentes comunidades religiosas eram mais isoladas. Enquanto os budistas, os muçulmanos e os cristãos permaneciam em seus respectivos países, não importava se tinham uma religião ou um conceito específico de Deus. Hoje a situação é muito diferente. Agora, se eu tento propagar o budismo enquanto outros líderes religiosos tentam espalhar o catolicismo ou o islamismo, cedo ou tarde haverá uma colisão. Esse é o perigo. A religião é importante para a humanidade, mas deveria evoluir com ela. A primeira prioridade é estabelecer e desenvolver o princípio do pluralismo em todas as tradições religiosas. Se nós, líderes religiosos, cultivarmos uma atitude pluralista sincera, tudo será muito mais simples. É bom que a maioria dos líderes religiosos esteja ao menos começando a reconhecer outras tradições, embora não as aprove. O passo seguinte é aceitar a idéia de que propagar a religião é algo ultrapassado. Não serve mais para os tempos atuais.

Fabien: Enquanto estamos discutindo religião, eu gostaria de fazer algumas perguntas sobre moralidade dentro da comunidade budista. O que aconteceria se um monge ou um lama cometesse um crime grave, como pegar dinheiro de um discípulo ou estuprar alguém? O budismo é uma religião de paz. Isso significa que a disciplina é mais estrita ou mais maleável que nas outras religiões?

Dalai-Lama: Para responder a essa pergunta, eu devo fazer uma distinção clara entre a noção de *lama* ou *guru*, que significa "professor espiritual", e a de *tulku*, "um ser reencarnado que é reconhecido como tal por uma escola de budismo tibetano ou por uma linhagem específica de professores". São duas coisas diferentes. Com o tempo, o reconhecimento de um *tulku* passou a conferir uma espécie de *status* social. O resultado é que as pessoas podem ter um grande nome sem uma profunda realização espiritual. Às vezes, comportam-se muito mal e manipulam as pessoas em nome do guru ioga, ou de outras práticas espirituais. A devoção cega é perigosa. De acordo com o ensinamento budista, só num nível muito elevado de prática é que você vai aceitar como positivo tudo o que o lama faz, quando tanto o professor quanto o aluno estão cientes do que fazem. Um exemplo desse tipo de relacionamento aluno-discípulo em seu melhor nível é o de Tilopa e Naropa, dois dos mestres mais aclamados do Tibete.

Atualmente, porém, há muitos "professores" budistas. Alguns – enquanto viviam na comunidade tibetana – nunca tinham sido considerados mestres; mas, após viverem no exterior por alguns anos, retornaram cercados por muitos discípulos. Acho que algumas pessoas de meu governo têm um certo ciúme do sucesso deles! Infelizmente, as situações que você mencionou já aconteceram. No momento, não temos um sistema para distinguir *tulkus* "reconhecidos", por exemplo, de professores espirituais qualificados.

Fabien: O senhor planeja instituir um?

Dalai-Lama: O assunto foi mencionado numa reunião que tive com professores ocidentais de darma, e muitas pessoas tiveram uma reação muito forte, questionando o modo como tal coisa seria feita. O resultado foi um grande mal-entendido e muito sectarismo. Era uma simples reunião de professores, porém algumas pessoas até me acusaram de ser manipulador e sectário.

Anne: Perdoe-me a franqueza, mas, se num mosteiro tibetano um jovem monge fosse manipulado ou abusado sexualmente por um mais velho, o noviço teria coragem de falar? Alguém prestaria atenção? E, se prestasse, qual seria a sanção?

Dalai-Lama: A sanção seria determinada pela autoridade religiosa do mosteiro. No ano passado, tivemos um caso assim, e o monge mais velho foi expulso do mosteiro. Em nossa tradição, os monges noviços, assim como os plenamente ordenados, fazem votos de castidade. Não têm permissão de perder sêmen, mesmo que pela própria mão. Os monges plenamente ordenados têm de cumprir 253 votos. A castidade é o 13º, mas é também um dos quatro votos cardeais, que são: não matar um ser humano já nascido ou em formação; não roubar; observar a castidade; e não fingir ter realizações ou capacidades espirituais que não se tenha de fato. Se forem quebrados, esses votos não podem ser reparados. Se você quebra o voto de castidade, seja da forma que for, não é mais um monge. De acordo com as regras da disciplina, se alguém ouve, vê ou suspeita de uma quebra dos votos cardeais, o monge em falta é expulso. É interessante notar que, desde o seu início e até para os leigos, o budismo considera o ato sexual errado sempre que causar danos, principalmente se for imposto a uma criança ou a uma pessoa doente. No Ocidente, parece que a maioria dos escândalos sexuais com professores tibetanos tem a ver com alguns iogues. Esses mestres espirituais leigos são encorajados a se casar. Claro que algum sistema de documentação ajudaria, mas é muito difícil de estabelecer.

No campo prático, encorajo as pessoas que estão interessadas no budismo a se informarem mais a fundo sobre a abordagem budista da crença espiritual. Em casos excepcionais, a fé cega é aceitável, mas o próprio Buda dizia: "Meu ensinamento não deve ser aceito com fé cega ou por respeito a mim, mas por investigação". No *Maha Anuttara Yoga Tantra* se diz que, antes de aceitar alguém como o seu professor, você deve avaliar, testar e investigar minuciosamente a pessoa – se necessário por doze anos! O Buda especificou as qualificações necessárias para transmitir os preceitos dos *vinaya*, *sutrayana* e dos *tantras* inferiores, intermediários e superiores. Se só a fé fosse suficiente, por que o Buda teria explicado todas essas qualificações?

O professor espiritual também deve se lembrar de que ser um professor significa servir aos outros. Aqueles que fizeram o voto do bodisatva para libertar todos os seres devem considerar a si próprios como os seres vivos mais baixos. Todos os seres infinitos são considerados nossos mestres. Devemos servir-lhes, não explorá-los ou tiranizá-los.

Alguns de meus amigos, seguidores de um mestre tibetano recentemente implicado num escândalo, estavam muito preocupados de que tais coisas fossem prejudiciais ao budismo, em geral. Eu lhes disse que, no final das contas, essas coisas não importam. O budadarma sobrevive muito bem há dois mil e quinhentos anos. É sólido e muito lógico. Alguns escândalos aqui e ali, causados individualmente, já aconteceram no passado e podem ocorrer no futuro. Sem problemas. Isso não afetará o verdadeiro budadarma.

Fabien: Não estou fazendo uma crítica à religião budista, que conheço e respeito profundamente, mas me sinto um tanto incomodado quando vejo, no Nepal, por exemplo, tantos mosteiros tibetanos imponentes. Há um em cada esquina. Parece um paradoxo. Cada lama tem o seu próprio e belo monastério, e do lado de fora dos portões há tanta gente pobre deitada nas ruas, sem ter o que comer. Não há estradas decentes nem sistema sanitário, e a água é poluída. Eu sei que os lamas não podem resolver os enormes problemas que estrangulam o Nepal, mas acho que seria mais urgente alimentar aqueles que passam fome do que construir mosteiros.

Dalai-Lama: Estou bem ciente dessa situação. Em nossos povoados ainda precisamos de acomodação, porque há muitos alunos, incluindo freiras e monges, que não têm morada permanente. Mas, mesmo assim, costumo dizer que devemos dar prioridade à alimentação e à educação sobre o abrigo, que é apenas uma proteção contra o calor e a chuva. "Cedo ou tarde teremos de deixar essas coisas para trás", digo. Mas, apesar de meu conselho, alguns tibetanos – ou budistas tibetanos – ainda fazem suas construções mais luxuosas do que o necessário.

Anne: De certa forma, foi importante para a comunidade tibetana no exílio construir mosteiros, porque o darma é o coração do povo tibetano. Os mosteiros rapidamente se tornam o centro social da comunidade exilada, além de se converterem em orfanatos, dispensários, escolas e abrigo para pessoas idosas. Isso justifica sua existência.

Dalai-Lama: Algumas pessoas acham que um templo maravilhoso é o darma. Isso não é verdade. O darma está aqui, na mente (ele faz um gesto, apontando para o coração). No caso do Nepal, o pior de tudo é que alguns desses templos estão vazios. Não há monges, e os poucos que estão lá usam mangas e têm cabelos compridos. O secretário do falecido Karmapa me disse um dia, bem sério: "Não é fácil se tornar um monge. É preciso raspar a cabeça e controlar o sexo". Infelizmente, muitos só raspam a cabeça, mas não controlam as outras partes!

Fabien: Foi por isso que o senhor pediu à comunidade religiosa que prestasse mais atenção ao trabalho social e à educação?

Dalai-Lama: Sim. Costumo dizer, nessas questões, que os tibetanos devem imitar as freiras e os monges cristãos. É muito importante. Eu lhes digo também, até publicamente, que a nossa comunidade religiosa deveria diminuir em número. Eu preferiria que tivéssemos menos monges e freiras, porém com mais motivação e disciplina.

O Caminho do Meio

Dalai-Lama: Eu gostaria de retornar a algo que você mencionou. Se entendi bem, você disse que, embora tendo origem judaica, após se encontrar com Kalu Rinpoche, começou a se interessar pelo budismo. Tive a impressão de que estava me perguntando se uma pessoa pode praticar diferentes religiões, simultaneamente. Deixe-me explicar minha posição. Como você deve saber, considero útil para a humanidade a existência de uma variedade de religiões. Nos estágios preliminares da pesquisa espiritual de uma pessoa, ela pode praticar tanto o cristianismo quanto o budadarma. É possível, por exemplo, respeitar e ter fé nos ensinamentos de Buda sobre não-violência, compaixão e tolerância e, ao mesmo tempo, não crer em carma e em reencarnação, além de basicamente acreditar no Criador e sentir-se próximo a Deus. Nesse âmbito, acho que é possível praticar duas ou mais tradições. É como estar na escola: enquanto você fica num nível geral, pode estudar uma gama de matérias. Mas, na medida em que progride nos estudos, precisa escolher uma especialização.

Para um indivíduo que se aprofunda na prática budista, que se baseia no vazio, na interdependência e no não-absoluto, não há lugar para a crença num criador. O oposto também é verdadeiro. Para um cristão, os pontos essenciais são o Criador, o amor por Deus e o amor pelo próximo. Eu perguntei a um padre cristão e meu amigo por que a teoria do renascimento era inaceitável para um cristão convicto. Ele respondeu: "A crença de que esta vida, sem outra precedente, foi criada por Deus é o que desenvolve o sentimento de intimidade com o Criador". Vi um significado positivo nisso. Para um autêntico cristão, não é possível aceitar a reencarnação nem o que é mais importante para nós budistas: a crença de que tudo é interdependente. Quando você chega a um determinado nível de prática, precisa escolher. Qual é a sua próxima pergunta?

Fabien: É sobre o Tibete. Muitos livros já foram escritos sobre a tragédia tibetana. Como o senhor classificaria a atual situação do país? Há alguma possibilidade de que o senhor e seu povo voltem ao Tibete?

Dalai-Lama: A atual situação é uma espécie de estagnação. De minha parte, não há mudança. Ainda estou totalmente comprometido com o caminho do meio, que propus no Plano de Paz de Cinco Pontos, apresentado em Estrasburgo, em 1989. Esse caminho do meio se baseia estritamente na não-violência, com a qual meu comprometimento não vai mudar. Assumo essa responsabilidade. Se a situação se tornar incontrolavelmente violenta, minha única opção é abdicar, o que é muito improvável nas atuais circunstâncias.

Fabien: O senhor fala de violência no Tibete ou fora?

Dalai-Lama: De ambas. No momento, não há esperança de uma negociação significativa. O governo chinês está adotando uma política extremamente dura com relação aos tibetanos dentro e fora do Tibete, e contra mim. Desde 1994 eles descrevem a luta contra o dalai-lama como uma guerra contra um inimigo. O governo comunista anunciou que, para matar uma cobra, é preciso esmagar-lhe a cabeça. Isso não importa – estou vivo e muito ativo. Espero viver mais uns trinta ou quarenta anos, mas não sei. É o que espero.

Todos sabemos, principalmente a partir do massacre na praça da Paz Celestial, que o espírito de democracia está bem vivo na China. Este ano, em 4 de junho, que é o aniversário daquele evento, o governo chinês estava extremamente nervoso. Isso revela que o desejo por democracia é forte. É só uma questão de tempo. Acho que uma nova situação decididamente surgirá nos próximos anos. Especialistas na questão chinesa dão três opções quanto ao que acontecerá quando Deng morrer. Um grupo diz que a liderança atual já está bem entrincheirada, não haverá muitas mudanças e a atual política com relação ao Tibete continuará por pelo menos cinco ou seis anos. A segunda opinião é a de que ocorrerão algumas mudanças internas. E um terceiro grupo prevê um colapso total na China, até uma guerra civil. Prefiro a segunda solução.

Um colapso total na China, semelhante ao da União Soviética em 1991, poderia facilmente desencadear caos e derramamento de sangue. Considerando a população do país, qualquer derramamento de sangue se converteria rapidamente num desastre. Portanto, no momento e num futuro muito próximo, não há muita esperança de mudar a política chinesa com relação ao Tibete. Mas isso não significa que não exista esperança. Acredito que, após alguns anos, a situação do Tibete terá a oportunidade de se voltar para uma direção positiva.

As condições que apresentei acima se baseiam no que dizem os especialistas, mas, como você sabe, nós, tibetanos, temos outras fontes de informação, tais como oráculos, adivinhações e estudos astrológicos. As previsões de Padmasambhava e de alguns de seus autênticos seguidores são realmente notáveis. Tive a oportunidade de conhecer e receber ensinamentos de algumas dessas pessoas. De modo geral, elas se aproximam bem discretamente, como simples peregrinos. Parecem pessoas comuns, mas sua experiência espiritual é excepcional. Por isso, recebo seus ensinamentos também de maneira discreta. Você sabe, muitos professores vêm até mim e insinuam que eu deveria receber várias transmissões desses peregrinos. Isso me deixa numa posição difícil. Mas os professores genuinamente despertos nunca agem assim. Através de outras fontes, bem como de meus pressentimentos pessoais, nós dois sabemos que os ensinamentos são autênticos. De qualquer forma, eu realmente confio na clarividência deles e nas previsões que fazem. Segundo esses indivíduos, há esperança para o futuro do Tibete e dos tibetanos.

Entretanto, se nada mudar para melhor nos próximos dez anos, há um perigo real de que o espírito tibetano desapareça *dentro* do Tibete, pelo menos em cidades maiores como Lhasa. De um ponto de vista numérico, os nômades representam a maioria da população do Tibete, mas as pessoas de Lhasa e de cidades maiores são mais instruídas e possuem uma visão mais global. Se o espírito tibetano desaparecer da comunidade mais instruída, será uma grande pena.

Fabien: O senhor acha que será possível para o budismo tibetano manter-se e se espalhar no Ocidente, ou existem ainda no Tibete textos, professores e objetos sagrados que são indispensáveis para a sua transmissão apropriada?

Dalai-Lama: Há vários centros budistas tibetanos no Ocidente e fora das comunidades tibetanas, com pessoas maravilhosas que sinceramente se ocupam dos ensinamentos autênticos. Embora sejam indivíduos brilhantes, são alunos jovens. Precisarão crescer e amadurecer por algumas décadas, antes de assumirem a responsabilidade de transmitir o budadarma de geração a geração. No momento, o budismo tibetano ainda é muito jovem no mundo exterior.

No caso dos tibetanos, eles vivem imersos no budadarma desde que nascem, quer o "conheçam" intelectualmente, quer não. Para as duas próximas gerações, o budismo tibetano, que é a forma mais completa de budadarma, vai estar numa situação delicada. Nesse sentido, ele está muito ligado à liberdade tibetana.

Num nível individual, os cem mil tibetanos que vivem no exílio certamente podem praticar o budadarma e dar-lhe prosseguimento. Não falta nada. Se uma pessoa tem mérito suficiente e faz o esforço pessoal necessário, é possível alcançar o estado de buda. Mas o darma precisa do apoio da comunidade. Essa é a verdadeira questão. Se o Tibete não existir mais, duvido que os cem mil refugiados possam preservar o budadarma em sua totalidade.

Fabien: O senhor sente que o que aconteceu com o Tibete é parte de uma espécie de ciclo histórico – ascensão e queda de civilizações – ou acha que foi um acidente?

Dalai-Lama: O que aconteceu com o Tibete? Um acidente.

Fabien: É preciso ser realista. Mesmo quando o Tibete se libertar, nunca mais será o mesmo.

Dalai-Lama: É verdade, mas eu sempre distingui dois aspectos diferentes em nossa cultura tibetana: nosso modo básico de vida e o espírito do povo tibetano. O sistema social e o modo de vida mudaram completamente, mas não vejo a menor necessidade de preservá-los ou recuperá-los. As vestimentas tibetanas tradicionais ou o jeito como cortavam o cabelo antes de chegarem os chineses não importam. E o costume tibetano de mostrar a língua e coçar a cabeça em sinal de respeito definitivamente não precisam ser preservados. Essas formalidades não são necessárias, e esses aspectos da cultura tibetana mudarão. Isso não é problema. Entretanto, outros aspectos de nossa cultura, as coisas básicas, profundas, importantes – como o espírito tibetano de tolerância, humildade e coragem –, não mudarão. Nele está profundamente arraigada sua atitude compassiva para com os animais, quer o povo conheça o budismo tibetano, quer não. Para mim, esses aspectos de nossa cultura são verdadeiramente valiosos e dignos de serem preservados. Meu sonho é que o Tibete do futuro seja uma nação inteligentemente industrializada, seguindo um programa estrito que cause o mínimo de danos ao ambiente. Respeitar o mundo em que vivemos é parte integrante de nossa cultura budista.

Você notará que eu faço uma diferença entre cultura budista e budismo. Já observei com freqüência que até os tibetanos que são *bön* ou muçulmanos respeitam os valores budistas básicos. Algumas das famílias tibetanas muçulmanas – as de Ladakh, Índia, mas não aquelas da China – vivem no Tibete há quatro séculos. Elas são capazes de grande compaixão. Outros tibetanos podem escolher ser ateus radicais. O budismo já é considerado uma forma de ateísmo. Mesmo quem não tem fé pode ser influenciado pela cultura budista.

Fabien: Parece que os jovens tibetanos são mais agressivos em sua luta por um Tibete livre do que as gerações mais velhas.

Dalai-Lama: Não é só a geração mais jovem. Deixe-me contar-lhe uma história. Uma vez, conheci um senhor idoso de Amdo, região leste do Tibete, que tinha lutado nas unidades de comando da guerrilha. Um dia perguntei-lhe se tinha raiva dos chineses. Antes mesmo de abrir a boca para responder, suas bochechas tremiam de fúria. Finalmente, ele gritou um agressivo "sim!".

Vou contar outra história. No começo da década de 1980 conheci um homem de Amdo, um monge muito gentil e autêntico. Devia ter cerca de sessenta anos e era muito calmo e belo. Tivemos um longo bate-papo sobre suas experiências na década de 1960, e ele me contou como os chineses comunistas chegaram, destruíram o mosteiro onde ele vivia e prenderam todos os monges. Eu disse: "Sim, isso é compreensível. Os chineses são muito numerosos e fortes – vocês eram um menor número". Então, perguntei o que teria acontecido se os chineses e os tibetanos estivessem presentes em igual número. Ele respondeu com o delicado movimento de círculos esfregando uma palma na outra. O significado desse gesto tibetano é que o inimigo – nesse caso, os chineses – teria sido dizimado. Os tibetanos são muito gentis e compassivos, mas também possuem uma autoconfiança profunda, que é muito necessária. Mesmo após viver por tantos anos sob a mira das armas chinesas, o espírito tibetano não morreu. Sua paciência e não-violência não vêm do medo ou da fraqueza, mas da força e da autoconfiança.

Fabien: O senhor já pensou em fazer uma greve de fome, como Gandhi, pela causa tibetana?

Dalai-Lama: Sim, em várias ocasiões. Já discuti a questão, embora não me propusesse fazer uma greve até a morte. Seria arriscado demais. Valeria a pena se houvesse algum propósito definitivo e uma chance de 50% de sucesso. A situação do Tibete é muito delicada. Eu sou apenas um monge budista, sozinho, sem autoridade especial – além de uma motivação sincera e altruísta. Não possuo poderes milagrosos ou mágicos. Nunca tenho sentimentos negativos em relação aos chineses. Se surgir a oportunidade, estou determinado a ajudar e a servir os chineses, como faço com os tibetanos. Essa é a minha única qualidade. Mas infelizmente, no momento, a situação tibetana depende muito de mim. Dentro de algum tempo os tibetanos serão capazes de carregar o peso; mas, por ora, nossa situação é muito frágil, e esse peso está sobre os meus ombros.

Fabien: Há muitas regiões diferentes no Tibete, e eu acho que será necessário para o senhor permanecer no poder por algum tempo, mantendo o povo tibetano unido. As pessoas não percebem como o Tibete é grande. Pode eclodir facilmente um conflito regional. O senhor não acha que o seu papel continuará sendo importante, mesmo num Tibete livre?

Dalai-Lama: Sim. Esse é um dos motivos por que eu disse que, assim que voltarmos ao Tibete, criaremos alguma forma de governo interino através de um colégio eleitoral, não de uma eleição geral. Esse governo ficará no poder por dois anos e organizará uma assembléia geral através de verdadeiras eleições democráticas – uma pessoa, um voto. Tão logo o governo interino esteja estabelecido, passarei adiante toda a minha autoridade política. Já anunciei oficial e formalmente essa decisão.

É possível que, uma vez obtida a liberdade, surjam querelas. Enquanto o Ocidente combatia o bloco oriental, esquecia seus próprios problemas. Quando o marechal Tito controlava a Iugoslávia, por exemplo, os sofrimentos das pessoas não apareciam: mas, assim que elas obtiveram a liberdade, muitos problemas vieram à tona. Já nas regiões de Kham e Amdo, pequenos problemas criam grandes lutas. Os tibetanos chegam a se matar por um pedacinho de terra, enquanto os chineses observam e nada fazem. Quando conseguirmos nos autogovernar, essas brigas provavelmente irão se multiplicar.

Mesmo sem uma posição oficial, acho que a minha popularidade permanecerá enquanto eu for um simples monge budista. Se eu cair em desgraça, então essa popularidade diminuirá, é claro! Minha função poderia ser a de mediador em conflitos entre o governo e os habitantes locais. O poder judiciário lidará com questões relacionadas ao sectarismo ou regionalismo. Eu estaria em posição de dizer quem está certo ou errado. No entanto, num nível emocional, acho que posso dizer ao meu povo: "Por favor, não ajam assim. Por favor, pensem no Tibete e em nosso futuro".

Fabien: Desde a década de 1950, mas particularmente em anos recentes, muitos chineses de diferentes grupos étnicos mudaram-se para o Tibete. Mesmo que o país recupere sua autonomia em relação à China, talvez os colonos chineses prefiram ficar no Tibete.

Dalai-Lama: De acordo com o meu caminho do meio, eles podem ficar.

Fabien: Mas a presença deles será outra fonte de conflito.

Dalai-Lama: Vários aspectos dessa questão devem ser considerados. O número de não-tibetanos tem de ser administrável, e aqueles que quiserem ficar devem respeitar a cultura tibetana.

Fabien: Às vezes sinto que o mundo material devora o espaço do mundo espiritual. O senhor acha que há alguma espécie de luta maniqueísta entre o mundo material e o espiritual? Estou pensando, em parte, no destino de seu povo e no dos índios americanos.

Dalai-Lama: Há semelhanças entre os tibetanos e os índios americanos, mas não é tão simples. Os nativos americanos praticamente não têm alfabeto nem língua escrita, ao passo que os sábios tibetanos já compuseram bibliotecas inteiras de obras metafísicas.

Nossa civilização tem um outro elemento único. Alguns dias atrás, durante um seminário que fiz em meu sexagésimo aniversário em Nova Délhi, foi lido por um cientista da Índia um documento, bem conhecido e altamente respeitado. Ele dizia que o budadarma, diferentemente das outras religiões, se baseia na investigação e respeita o raciocínio e a realidade. É muito próximo ao pensamento científico. Em seguida, citou alguns especialistas da teoria de Nagarjuna para mostrar como ela é semelhante à moderna física subatômica e às teorias quânticas. Pediu desculpas por seu conhecimento insuficiente do budismo, mas disse que, sempre que tinha a chance de estudar um pouco os ensinamentos de Nagarjuna, surpreendia-se de como estão tão próximos das mais recentes descobertas científicas. Senti que, se aquele brilhante cientista conhecesse melhor o budismo, sua opinião seria suspeita. Mas lá estava ele, sem a menor noção de budismo, e tinha compreendido imediatamente a essência de suas teorias.

Em 1994 participei de um encontro com alguns cientistas na Universidade de Colúmbia. Um cientista judeu muito conhecido falou sobre a dificuldade de identificar a realidade a partir do ponto de vista da teoria quântica. Se, como ele explicou, não existe uma realidade independente e tudo é criado devido a muitos fatores, então a visão dos cientistas parece estar bem próxima da teoria do vazio de Nagarjuna. Para os budistas – num determinado nível – a palavra *vazio* significa "a ausência de existência inerente".

Voltando à nossa questão anterior, respeito todas as outras tradições religiosas. Como mencionei anteriormente, milhões de pessoas se beneficiam delas. Todos os autênticos ensinamentos espirituais têm grande potencial de servir à humanidade. Todos transmitem a mensagem de amor e tolerância. Por essas razões, realmente as respeito. Ao mesmo tempo, estou plenamente convencido de que nem toda a humanidade pode ser religiosa. Portanto, é impossível pensar que toda a humanidade será budista. Mas isso não me impede de pensar que o budadarma é a única religião capaz de trabalhar de mãos dadas com a ciência.

Quanto à situação tibetana, tenho plena certeza de que, se educarmos o povo tibetano corretamente, poderemos progredir no campo material, mantendo ao mesmo tempo nossa espiritualidade e encontrando, assim, um equilíbrio harmonioso.

Fabien: O senhor só respondeu parcialmente à minha pergunta. O que acontece com aqueles grupos de pessoas que são muito mais espiritualizadas e dão menos importância ao mundo material? A história mostra que elas são sempre engolidas pelos materialistas. Pense nos incas e nos índios americanos.

Dalai-Lama: Isso foi há muito tempo. Os tempos mudaram. É verdade que o materialismo se baseia na ciência, mas a ciência agora está indicando que existem outras energias além da matéria. Já que ela atingiu esse ponto, acho que uma nova perspectiva da relação entre espiritualismo e materialismo – ou ciência – logo surgirá.

Fabien: O senhor quer dizer que o materialismo está mudando e logo se tornará mais espiritual?

Dalai-Lama: Acho que sim. Se o espiritualismo tem uma visão estreita ou se confina à fé cega, então certamente a união é difícil. Mas, se formos mais abertos espiritualmente, então o materialismo também se abrirá. O mundo será diferente. O próximo século pode ser muito diferente do século que termina.

Fabien: Santidade, nós discutimos algumas possibilidades de mudança em caráter global, e agora eu gostaria de discutir tópicos de natureza mais individual, tais como o cotidiano, o casamento, o sexo, a educação e a mídia. No Ocidente, parece que tentamos esconder todas as coisas ruins de nossa vida diária, um pouco como o exemplo que o senhor deu do copo de sangue. Temos medo da morte, assustamo-nos com as pessoas insanas ou deficientes, ou que nos deixam pouco à vontade...

Dalai-Lama: E ao mesmo tempo, no Ocidente, só o que se vê na televisão é morte, violência, sangue, mutilação e matança.

Fabien: Mas isso é televisão, não vida real.

Dalai-Lama: Mas é um retrato da humanidade.

Fabien: Não é vida real, é como uma janela. Quando você vai a um funeral, não vê o corpo. Ele fica numa espécie de caixa. É muito semelhante ao modo como o pai de Siddarta se esforçava por esconder do filho a realidade do sofrimento. Hoje em dia, as pessoas contam com tranqüilizantes e antidepressivos, em vez de tentar enfrentar o que as incomoda de outras maneiras, como sair para uma caminhada, conversar com um conselheiro ou com amigos, fazer exercícios ou se envolver em alguma prática espiritual. Hoje as pessoas vão logo tomando um Prozac ou outras drogas.

Dalai-Lama: E essas drogas as tornam menos sensíveis? Elas são tranqüilizantes?

Fabien: Parece que, quando você toma Prozac, vai se desapegando da idéia de que a realidade do dia-a-dia é negativa. Ele afoga a angústia. Qual é a sua opinião sobre esse modo de lidar com o medo e com o sofrimento?

Dalai-Lama: Espere. Então, resumindo, as pessoas tomam essas drogas para diminuir os sentimentos de desconforto mental, mas o resultado é que apenas ficam menos sensíveis, menos alertas? Esse fenômeno revela que a maioria dos nossos problemas, de dentro e de fora, surge de nossa inteligência. É ela a fonte de nossa ansiedade e sofrimento mental. Parece tolo tentar eliminar nossa ansiedade dopando a inteligência. Uma grande besteira! A inteligência é um atributo exclusivo da humanidade. Não há nada de errado com a inteligência em si. Os problemas surgem quando ela não é devidamente orientada. Medo, dúvida, ódio e outras faculdades destrutivas vêm todas da inteligência delinqüente. Por que prejudicá-la? Há outras maneiras de reduzir ansiedade e medo. Acredito que, quanto mais atenção dermos à genuína compaixão, menos espaço haverá para o medo. Devemos desenvolver amor e bondade. Teremos, então, mais autoconfiança, mais paz de espírito.

Fabien: O senhor pode sugerir algumas técnicas simples para a vida cotidiana?

Dalai-Lama: Uma técnica que se aplique a todos? Não sei. A paz de espírito pode ser desenvolvida através do treino e da percepção diária. É uma questão de se acostumar ao treino mental. Leva tempo. A geração atual, como dissemos, já está poluída porque passa a maior parte de seu tempo alimentando emoções negativas. É difícil voltar no tempo. Intelectualmente, as pessoas podem compreender que a compaixão é muito boa, mas como torná-la parte integrante da mente? Quanto demorará? Medo, dúvida e ansiedade já estão lá há muito tempo, e toda a sociedade em que vivemos sustenta o lado negativo de nossa inteligência.

As pessoas têm mais oportunidades de desenvolver as capacidades positivas de sua inteligência na infância. Devemos dar aos jovens mais oportunidades para que compreendam o valor da inteligência positiva e encorajá-los nessa capacidade. Enquanto se desenvolve o lado intelectual de sua personalidade, também um bom coração deve ser acalentado. Quando as duas coisas estão presentes – inteligência e um bom coração –, não ocorrem problemas.

Fabien: Como as pessoas que tomam Prozac podem ajudar seus filhos a desenvolver treinamento mental e compaixão, se nem conseguem enfrentar seus próprios problemas?

Dalai-Lama: Se, sem esse remédio, essas pessoas estão cheias de ódio e de violência, talvez seja melhor para elas ficarem dopadas – ligeiramente –, mas inofensivas. As coisas podem ser mudadas. Há esperança.

Fabien: Os seres humanos tendem a evitar a responsabilidade por suas ações. Essa atitude causa frustração. Se pudermos pelo menos aceitar que somos parcialmente responsáveis, teremos o direito e os meios de consertar o problema. Podemos ler os outros livros que o senhor escreveu, bem como as obras de outros líderes espirituais e filósofos, mas o senhor não poderia nos dar uma dica de como começar a cultivar a paz interior?

Dalai-Lama: Para a geração atual, a solução está nas mãos da mídia. Se a percepção for aguçada e houver mais informações confiáveis, possivelmente começaremos a realizar nosso potencial interior sem depender de drogas.

O ser humano é tão maravilhoso! Devidamente cuidada, nossa inteligência é magnífica. Minha experiência pessoal me faz pensar que as coisas estão começando a mudar para melhor. Recentemente tenho me comunicado mais com empresários que demonstram interesse pela espiritualidade. Os cientistas também estão mais abertos para as coisas espirituais agora do que na década de 1960, por exemplo. Quanto mais desenvolvimento material e científico temos, mais a ciência percebe suas limitações; e, assim, ela se vê forçada a procurar outra opção.

Fabien: No Ocidente, costumamos procurar soluções "fáceis", externas, para os nossos problemas. Achamos que é mais fácil mudar o mundo exterior do que alterar nossa perspectiva interior.

Dalai-Lama: Exatamente. É assim que a sua sociedade funciona. Veja, por exemplo, o modo como vocês lidam com a doença. Os minúsculos germes são sempre os culpados, não são? Ninguém considera o fato de que os próprios elementos de nosso corpo criam a possibilidade para os germes externos nos afetarem. Se os elementos que compõem nosso corpo – terra, ar, água, fogo e espaço – estão em ordem e equilíbrio, nenhum intruso pode entrar e se estabelecer. No Ocidente, vocês dependem demais dos meios externos para tudo e negligenciam completamente o próprio potencial mental.

Anne: Acho que algumas pessoas tomam drogas e álcool porque têm medo desse poder interior e preferem se dopar a encarar a infinita atividade de uma mente que elas ainda não aprenderam a domar. Qual é a base profunda desse medo e ansiedade que acometem tanta gente?

Dalai-Lama: Pode ser um problema cultural.

Fabien: O fato é que o sofrimento existe e todos querem evitá-lo. Isso não é um problema cultural. Mas é verdade que, para muitas pessoas, no Ocidente, Deus é o criador e nós somos suas criaturas. Isso não só encoraja uma tendência de ser psicologicamente dependente de outro ser, mas também torna o sofrimento difícil de ser explicado e ainda mais difícil de ser aceito. A crença no pecado original e um sentimento de culpa culturalmente incutido pioram as coisas.

Dalai-Lama: Cada pessoa possui *tathagatagarbha*, ou a natureza de buda, na abordagem budista . Todos podemos nos tornar um buda. Em nossa natureza mais profunda, somos iguais ao Buda. Não dependemos de uma entidade externa para o bem e para o mal.

No campo do desenvolvimento material, porém, nós humanos chegamos a um ponto em que podemos operar muita coisa a partir de um pequeno botão. Entretanto, dependemos totalmente desse botão – das coisas materiais, da ciência e da tecnologia. E, ainda por cima, os cientistas criaram algumas falsas esperanças, garantindo-nos que tudo pode ser resolvido pela tecnologia e pela ciência. Há muitos fatores subjacentes a essa angústia: ideologia religiosa, desenvolvimento científico, vida familiar, educação...

Espero que nossos próximos encontros nos dêem a oportunidade de discutir mais esses temas.

Viver e morrer

Fabien: Santidade, gostaria de voltar a alguns pontos que surgiram em nossas conversas anteriores. Estive refletindo sobre a compaixão como parte de nossa natureza inata. Para mim, a compaixão é um espaço vazio que cria a possibilidade de enviar uma mensagem a outro ser. Para mim, a compaixão está sempre presente, existe dentro de nós...

Dalai-Lama: O que você quer dizer com "a compaixão está sempre presente"?

Fabien: Que a compaixão faz parte da natureza humana. Não é algo que temos de criar.

Dalai-Lama: Não sei. (Ele ri.) Essa filosofia é muito difícil para mim. A compaixão é parte de nossa mente.

Fabien: Sim, ela está presente em nós. Então, o que temos a fazer...

Dalai-Lama: Não, não e não! Eu não concordo. A natureza de buda – temos o cuidado de dizer a natureza de buda, *não* Buda – é inata. O despertar não é inato; mas a semente, o potencial para a iluminação é. Podemos dizer que a compaixão é uma parte da mente, o que significa que, dentro de nossa mente, pode surgir a compaixão. Mas não significa, por outro lado, que, enquanto a mente existir – em qualquer estado –, a compaixão estará presente nela. Isso não é verdade.

No geral, a semente da compaixão sempre existe, mas, quando estamos num estado mental em que nosso ódio esteja plenamente desenvolvido, obviamente não temos compaixão. Nesse instante, a compaixão se torna dormente. Duas emoções ou pensamentos contraditórios não podem se desenvolver em nossa mente no mesmo momento. Quando um é ativado, o outro é desativado. Na visão budista, uma função dormente não é considerada a coisa real.

Fabien: Mas, se criarmos um espaço vazio dentro de nós mesmos, aquilo que está dormente pode despertar. Parece que o segredo é deixar nosso espaço interior se expandir. Quando deixamos em nós algum espaço aberto, a compaixão não cresce naturalmente?

Dalai-Lama: É possível. Creio que mesmo pessoas como Hitler, que parecia insensível, são capazes de sentir algum tipo de compaixão. Pelo que li, parece que, quando estava com a namorada, Eva, e com seu cachorro pastor-alemão, ele se sentia "bem", o que significa que era menos desconfiado que de costume, permitindo despertar alguma confiança em seu interior. Isso mostra que Hitler também tinha a semente da compaixão. Quando alguém lhe dirigia verdadeira afeição e interesse, ele se sentia feliz.

Fabien: Então, se conseguirmos nos livrar das emoções negativas que impedem o desabrochar dessa compaixão, ela começará a se desenvolver por conta própria, tão logo encontre espaço? Mesmo para nós, a "geração perdida"?

Dalai-Lama: Claro! A propósito, eu também pertenço à geração perdida! Se nos esforçamos por perceber nosso potencial e o valor da compaixão, então é claro que há uma possibilidade de mudança, como indivíduos. Quanto ao mundo como um todo, não tenho certeza. No momento, parece um pouco difícil. Podemos dizer que, no fim do século XX, a concepção geral da humanidade e de seu lugar no mundo está mudando rápido demais, em comparação com as últimas cinco décadas.

Fabien: A sabedoria popular diz que uma pessoa deve experimentar o sofrimento para se tornar um ser humano melhor. O senhor concorda?

Dalai-Lama: Não é fundamentalmente necessário. Entretanto, é verdade que as pessoas que passam por grande sofrimento tornam-se mais maduras, mais pacientes. Acho que as gerações que testemunharam a Segunda Guerra Mundial e o período que se lhe seguiu estão mais bem preparadas para lidar com problemas do que as gerações subseqüentes. Estas só ouviram falar da guerra. Não a vivenciaram diretamente. A vida delas tem sido muito suave. Quando surgem pequenas dificuldades, elas imediatamente perdem a cabeça ou a paciência. Geralmente, são menos flexíveis que seus parentes mais velhos. Mas isso não significa que, para se tornar uma boa pessoa, alguém deva sofrer. Segundo o nosso ponto de vista budista, quer reconheçamos, quer não, sempre existe algum tipo de sofrimento. As Quatro Nobres Verdades esboçam isto: tudo é sofrimento; o sofrimento surge do desejo; a cessação de sofrimento é o nirvana; e o caminho óctuplo conduz ao nirvana.

Fabien: Várias vezes o senhor mencionou a importância da educação. Qual é a responsabilidade dos pais na educação de seus filhos? O tempo que eles passam com os filhos é mais importante para o seu preparo ético do que o tempo que eles ficam na escola? O que é mais importante: a quantidade de tempo que passamos com nossos filhos ou a qualidade de nosso relacionamento?

Dalai-Lama: Tanto o tempo quanto a qualidade do relacionamento são importantes. A melhor solução seria que todas as crianças do mundo freqüentassem – e gostassem de freqüentar – escolas onde a filosofia e os programas estivessem enraizados em compaixão e afeição. Além disso, as crianças têm direito a um clima de afeição em casa. Devemos construir um mundo em que elas possam desfrutar de uma atmosfera positiva o dia inteiro. Isso não será alcançado imediatamente, mas precisamos trabalhar para isso. Se você não pode encontrar uma escola com bons professores e com um clima adequado, pelo menos proporcione um ambiente positivo em casa.

Fabien: O que é uma boa educação, do ponto de vista tibetano? Como o senhor estrutura a educação dos leigos no exílio? Sei que crianças refugiadas foram enviadas a vários países para estudar, mas depois o senhor resolveu não mandá-las mais para o exterior, e sim deixá-las na comunidade tibetana.

Dalai-Lama: Não foi bem assim. No início da década de 1960, costumávamos permitir que órfãos tibetanos fossem adotados por famílias estrangeiras, e algumas centenas deles foram para a Suíça. Paramos com essa prática, exceto em alguns casos excepcionais. Mas nunca impedimos as crianças tibetanas de serem educadas no exterior.

Fabien: Em que idade uma criança tibetana pode se tornar monge ou monja? Quem escolhe: a própria criança ou os pais?

Dalai-Lama: Geralmente são os pais que desejam ver a criança entrar para um mosteiro. Os votos dos noviços podem ser feitos aos sete anos de idade, mas a ordenação *bhikshu* completa só pode ser feita após os vinte anos. Acho que deveríamos adotar o sistema das freiras e monges cristãos, no qual o candidato tem a chance de amadurecer antes de entrar para as ordens monásticas. Deveríamos estender o período de "experiência". Assim nossos jovens poderiam entrar para a ordem conscientes e de acordo com sua própria decisão.

Quanto aos nossos objetivos para a educação, tenho um sonho. Durante os últimos trinta anos, na Índia, temos dado às crianças tibetanas tanto uma educação tibetana – que inclui filosofia e ética budistas – quanto uma educação moderna. Achávamos, a princípio, que seria bom confiar quase que exclusivamente a monges e monjas o papel de professores. O primeiro grupo de professores que treinamos em Kangra, Índia, compunha-se de trinta monges e duas monjas. Subseqüentemente, eles foram enviados a lecionar em vários povoados de refugiados em todas as partes da Índia. Hoje, praticamente nenhum deles continua ensinando, o que mostra como é difícil implementar essa idéia.

Incluímos ensinamentos budistas em nosso currículo escolar, mas muitos dos professores leigos tinham conhecimento insuficiente do assunto e achavam difícil explicá-lo. Mesmo os professores religiosos eram incapazes de executar sua tarefa do modo como eu esperava. Tentavam apenas treinar o cérebro e não conseguiam ensinar aos alunos como integrar os princípios de compaixão e altruísmo na vida diária. Esses princípios devem estar enraizados na mente, no sentido budista da palavra. Apesar disso, tenho notado que, embora as crianças educadas em escolas tibetanas não falem inglês tão bem quanto seus colegas de escolas de padrão inglês, têm melhores comportamentos.

Em nossas escolas monásticas, os alunos estudam os textos budistas mais importantes. No entanto, parece que sua mente – bem como a de seus professores – é impermeável ao significado dos textos. Temos um ditado: "Couro endurecido por manteiga nunca pode ser amolecido por manteiga". No Tibete, a manteiga é preservada em peles cruas, não preparadas. O couro fica duro como rocha e, diferentemente das outras peles, não volta a ficar macio, por mais que seja esfregado com gordura. Às vezes acho que o mesmo acontece nas nossas escolas monásticas. Já notei, porém, que as crianças que tiveram contato com os ensinamentos budistas têm mais juízo do que crianças da mesma idade que não tiveram esse contato. Apesar dessas diferenças, temos ainda um longo caminho a percorrer antes de alcançarmos a visão educacional que descrevi anteriormente.

O ambiente social também é muito importante quando se criam sistemas educacionais. Em nossas escolas tibetanas na Índia, notamos uma diferença entre as crianças que vivem em internatos e as que vivem em casas, com pais adotivos que verdadeiramente se importam com elas. As do segundo grupo são mais seguras, e seu estado mental é mais calmo.

Fabien: Quando o senhor instalar um sistema educacional leigo no Tibete livre, os ensinamentos religiosos ainda farão parte do currículo?

Dalai-Lama: Nós somos basicamente uma comunidade budista; por isso, no momento, os ensinamentos budistas são trabalhados em nosso currículo escolar. No Tibete do futuro, porém, deveremos ter uma educação leiga que seja estritamente secular. Há muitos *bönpos* (seguidores de tradições religiosas pré-budistas) e algumas comunidades muçulmanas. Não podemos exigir que estudem budismo, exclusivamente. Seguiremos o modelo de diferentes escolas e universidades de várias partes do mundo. Algumas matérias serão compulsórias, outras, opcionais.

Entretanto, acredito que todas as crianças tibetanas – monges, monjas ou leigos – se beneficiariam com o aprendizado dos fundamentos do debate dialético, que é uma das disciplinas nos mosteiros e conventos budistas. Segundo essa tradição, após ouvirem uma lição sobre um tema filosófico, os alunos debatem o assunto. Cada aluno deve primeiramente defender uma posição e depois inverter, passando a defender o parecer contrário. Isso aguça o intelecto, bem como a mente. Esse método foi introduzido em algumas de nossas escolas na Índia. É bonito ver garotinhas, em seus uniformes escolares, debatendo. Pedi que essas tradições dialéticas fossem introduzidas em toda a comunidade leiga, mas infelizmente parece ser uma coisa difícil de implementar.

Fabien: É interessante notar o papel da mídia e de outros sistemas de comunicação na área da educação e no ambiente familiar. Em muitas casas, tanto na América quanto na Índia, a televisão se tornou um membro da família. O que o senhor acha da presença dela em nossos lares?

Dalai-Lama: Nada há de errado nisso. Novamente, depende daquilo a que você assiste. A televisão é um meio útil de obtermos informações gerais. Claro que as pessoas que escolhem viver nas montanhas, como certas freiras e monges cristãos e outros indivíduos, cuja vida inteira é devotada à prática espiritual, são casos excepcionais. Para eles, a televisão teria pouca utilidade. Visitei alguns mosteiros, no sul da França, onde os monges não têm permissão de ler jornal. Os eremitas budistas também não precisam de informações. Fora esses casos, acho que as notícias são necessárias. Programas que mostram cenas de sexo e violência e todos esses filmes que mostram como enganar ou roubar não são contribuições positivas.

Mas mesmo isso depende muito do telespectador. Para as pessoas que tenham uma perspectiva adequada, esses programas podem servir como lembrete sobre os aspectos negativos da humanidade. Quando essas pessoas vêem cenas de assassinato e de violência, reagem dizendo: "Temos de fazer algo para acabar com a produção e venda de armas". Para outras, principalmente crianças, tais programas podem exercer atração e influência, tornando-se o exemplo que elas irão seguir. Isso é ruim.

Fabien: Um dos problemas é o tempo que as crianças passam na frente da televisão: às vezes, até quatro horas por dia. Sua criatividade e seus estudos recebem um impacto negativo, por causa de um excesso de informação desnecessária. Quem é o responsável por todas as mensagens idiotas e negativas que os programas de televisão passam às nossas crianças? Quem responderá por todo o impacto negativo na mente dessas crianças?

Dalai-Lama: Todos os envolvidos são responsáveis. Para mim, qualquer pessoa que trabalhe na mídia colabora para moldar as mentes de nossas sociedades. Essas pessoas deveriam desenvolver um senso de responsabilidade maior, em lugar de pensar só nas implicações comerciais. Em minhas entrevistas coletivas, digo freqüentemente como aprecio os repórteres, com seus enormes narizes de elefante, intrometidos. Num país democrático, geralmente são eles os únicos capazes de verificar o que realmente está acontecendo. Sem eles, muitas pessoas ardilosas burlariam a lei e causariam muito mal.

Suponho que se possa dizer que as personalidades da mídia expõem a vida particular das pessoas, mas penso que não deve haver grandes diferenças entre a vida particular e a vida pública de quem é autêntico. As pessoas deveriam ser sinceras. Devemos aplicar a nós mesmos o que dizemos aos outros. Nada deveria ser escondido. Se as pessoas importantes têm vida dupla, alguma coisa está errada. Basicamente, apóio o ponto de vista da mídia quanto a essa questão.

Ao mesmo tempo, sou muito crítico quanto ao modo irresponsável com que a mídia distorce as coisas e faz sensacionalismo. Seu sucesso se deve em parte a um traço específico da natureza humana. Se um jornal relata um assassinato, cria um choque, e essa informação é considerada "notícia". Se relata que mil pessoas idosas estão recebendo o cuidado de pais atenciosos ou de guardiões, ou que milhões de crianças recebem amor dos pais, todo o mundo pensa: "E daí? Isso é natural. Não é nenhuma novidade".

O resultado é que as pessoas estão começando a sentir que a mídia só fala de assassinatos, de escândalos ou de catástrofes. Isso nos contamina, de certa forma; e ficamos com a impressão de que a natureza humana é inevitavelmente agressiva e negativa. A mídia deveria nos oferecer uma visão mais equilibrada do mundo. Seria bom saber não só quão ativas são as emoções negativas, mas também quão poderosas e efetivas podem ser nossas emoções e ações positivas.

Fabien: E quanto à internet, por meio da qual as pessoas podem se comunicar com o mundo todo e a respeito de qualquer assunto, apenas com um telefone e um computador?

Dalai-Lama: Não conheço muito bem o sistema, mas acho que pode ser muito positivo. Já que somos todos seres humanos, temos o direito de saber das coisas. A principal questão com a internet é se ela é usada de modo positivo ou prejudicial.

Fabien: Outro aspecto da internet é que ela diminui a quantidade de contato humano em todo o mundo, pois o meio de comunicação é o computador e não o contato pessoal, o toque humano ou mesmo as cartas escritas a mão.

Dalai-Lama: Talvez, mas quando *há* contato humano e não se cultiva a resposta, não há sentimento humano.

Fabien: Qual é o melhor lugar para se viver e criar uma família: os centros metropolitanos, as zonas suburbanas ou o ambiente rural?

Dalai-Lama: Hum... Que fazer? As cidades grandes certamente não são nosso ambiente natural. Apesar de todas as comodidades do mundo moderno, no fundo, nós, seres humanos, guardamos um sentimento de intimidade para com as plantas. Amamos tê-las em nossas casas, mesmo que sejam artificiais. Nossos ancestrais dependiam muito das árvores para fazer fogo, armas e abrigo. Alimentavam-se de frutas, usavam flores como decorações e folhas como vestimentas. As plantas são importantes em nossa vida, e acho que ainda há traços disso em nossos genes. Sob essa perspectiva, seria melhor para as pessoas viver em vilas pequenas, onde pudessem ter jardins, e não em cidades grandes. Isso certamente ajudaria os jovens a encontrar algumas raízes.

Fabien: Raízes. Não podemos mencionar as raízes de uma criança sem falar da vida familiar. Muitas crianças sofrem quando os pais se divorciam.

Dalai-Lama: Esse é um problema *concreto* e está intimamente ligado ao sexo. Claro que é impossível generalizar. Sempre há situações excepcionais, para as quais o divórcio é a melhor solução. Em casos que envolvam violência ou assassinato, realmente é melhor separar a família – procurar uma solução positiva, a longo prazo, para os problemas domésticos.

O divórcio parece ser muito freqüente na América. Já observei diversos casais que têm esse *hobby*. Com o passar dos anos, eles se casam, têm filhos, divorciam-se, casam novamente, têm mais filhos, daí outro divórcio e assim por diante. Deve ser muito difícil, mesmo do ponto de vista econômico. O pior é que a maioria das crianças cujos pais se divorciam ficam marcadas pelo resto da vida.

A maioria das pessoas não percebe como um casamento é crucial. Um louco amor não é o suficiente. Num casamento de verdade, o casal deve basear o amor não só na atração, mas também na compreensão mútua e no genuíno respeito, arraigados numa apreciação das qualidades de ambos. Um senso de compromisso e de responsabilidade seguir-se-á naturalmente. Um relacionamento fundado nesses elementos pode proporcionar um casamento verdadeiramente feliz, que provavelmente durará muitos anos, ou até por toda a vida.

Agora, o sexo. Do ponto de vista budista, o sexo é natural. Seu principal propósito, claro, é a reprodução. Sexo é algo que temos em comum com os animais. Eles são menos inteligentes, por isso seguem as leis da natureza de forma mais simples. Por causa de sua inteligência – ah! – os seres humanos buscam o prazer pelo prazer, não percebendo como é efêmero, e atraem complicações. Às vezes a vida sexual se torna um pouco extremada e pervertida, principalmente no Ocidente, com tanta "liberdade sexual". Mas não se pode afirmar que isso deixe alguém realmente livre. Você não acha que certos aspectos do modo de vida ocidental realmente promovem o sexo? Em si, o sexo não é errado; mas acho que é como a bebida: torna-se problema quando é excessivo. Em seu contexto normal, o sexo não é um problema, mas se torna decididamente uma fonte de dificuldades e sofrimento quando fica complicado demais ou exagerado e sem autodisciplina. Isso se deve tanto à nossa tendência a nos sentirmos insatisfeitos, quanto ao ambiente que criamos para nós mesmos, onde a estimulação sexual é excessiva.

Tenho uma história muito triste para contar sobre uns amigos ocidentais que costumavam me visitar em Dharamsala. Eles eram uma família muito unida. Recentemente, soube que o pai abusava sexualmente da filha. O casal se divorciou. A filha ficou tão traumatizada que agora vive num hospital para doentes mentais. Exemplos horríveis como esse mostram que, embora o sexo, em si, seja normal, pode causar sofrimento quando foge ao controle. Acho que essa é uma área em que é muito importante ter autodisciplina e percepção.

Fabien: Não estou seguro de que o excesso ou a perversão sexual seja um exemplo muito bom de inteligência humana.

Dalai-Lama: É uma forma corrompida de inteligência. Por isso, é importante alertar as crianças sobre a sexualidade e explicar-lhes que o excesso tem muitas conseqüências negativas. As crianças deveriam aprender isso o mais cedo possível.

Tivemos alguns debates sobre a introdução da educação sexual nas escolas tibetanas. A questão surgiu porque algumas garotas estavam engravidando. Alguns diziam que, se você fala sobre sexo com as crianças, esses problemas pioram. É difícil julgar. Alguns adolescentes não sabem grande coisa sobre sexo e agem às escondidas, com conseqüências indesejáveis. Por outro lado, anunciar publicamente como se usa preservativo pode encorajá-los a se tornarem mais cuidadosos, porém também mais sexualmente ativos do que o normal.

Fabien: O que o senhor diz aos jovens tibetanos a respeito dos preservativos e do sexo?

Dalai-Lama: Acredito que o planejamento familiar e o controle de natalidade são muito importantes. Quanto ao sistema de controle de natalidade escolhido, devemos pensar com cuidado e escolher um que não seja violento. Se escolhermos uma pílula que expele o óvulo quando já ocorreu a concepção, isso é assassinato.

Fabien: É uma coisa difícil, porque a maioria das pessoas não conhece de fato o efeito dos diferentes tipos de preservativos disponíveis para as mulheres. Em que casos o aborto é justificado?

Dalai-Lama: Do ponto de vista budista, só em casos muito raros e excepcionais, ou quando a vida da mãe está em perigo.

Anne: E se uma mulher engravida após um estupro?

Dalai-Lama: Isso é muito difícil. O estupro é uma forma de má conduta sexual. Sempre provoca um tremendo sofrimento. É uma situação muito difícil. Mais tarde, haverá uma criança indesejada. O que fazer?

Fabien: Quando o aborto é um caso de consciência, quem decide? A vida da criança está nas mãos da mãe, do pai, do médico ou do Estado?

Dalai-Lama: Acho que a voz mais importante deveria ser a da mãe. Ela tem mais direito de decidir do que qualquer outra pessoa, pois tem de carregar a criança por nove meses. O pai não fez muita coisa, fez? A mãe carrega o bebê por nove meses, dá à luz o bebê e o amamenta do próprio peito.

Anne: Apesar de terem acesso a outros meios de evitar a gravidez, algumas mulheres fazem repetidos abortos, o que é uma forma muito violenta e traumática de lidar com a situação. As pessoas agora estão começando a perceber como o aborto pode ser traumático. Imagino que as mulheres que optam por ele não estejam cientes das conseqüências desse ato, tanto para a criança ainda não nascida quanto para si próprias.

Dalai-Lama: Sim; como budista, devo dizer que o aborto é errado, mas cabe à pessoa decidir. A mãe que aborta deve saber que isso é um ato negativo, mas não podemos puni-la por isso. É um direito pessoal.

Anne: O senhor está dizendo que uma mulher nessas condições tem o direito de matar, ao passo que para os outros matar é um crime?

Dalai-Lama: Isso é muito difícil! Acho que a lógica é a seguinte: se há um objetivo positivo e sincero, uma motivação pura, então até matar é permissível. O ensinamento budista básico afirma que, em circunstâncias particulares, a violência é permissível. Tais exemplos são vistos nas histórias da própria vida do Buda.

Consideremos o caso de uma família em que a mãe está esperando um bebê seriamente deformado. É preciso pesar os diferentes aspectos, as dificuldades que a criança teria de enfrentar, sua capacidade ou incapacidade de progredir espiritualmente, os problemas com que os pais teriam de lidar, principalmente se a criança representar um grande obstáculo para o progresso e para a prática espiritual deles. Se eliminamos um ser por compaixão, visando ao seu interesse e com orações sinceras para que ele tenha uma reencarnação melhor, então o ato negativo da eliminação é combinado com uma motivação sincera, para que todos os envolvidos possam continuar caminhando para a meta certa. Por outro lado, se, para não matarmos, fazemos algo que provoque o desenvolvimento de muitas conseqüências negativas com relação ao nosso caminho espiritual, o resultado final pode ser mais negativo. Se alguém escolhe o aborto por causa de dinheiro ou de outras razões superficiais, é muito difícil aceitar a situação.

Falando em termos mais gerais, quando uma pessoa está em coma e precisa de uma enorme máquina para continuar respirando – sem esperança de recuperação –, acho que é mais positivo desligar a máquina, principalmente se o uso do equipamento for muito caro e a família estiver numa situação precária. Seja a pessoa rica ou pobre, se o cérebro não funciona mais e o paciente é mantido vivo artificialmente, de que adianta? Seria muito melhor para a família gastar esse dinheiro num projeto positivo na área de educação ou da medicina. O ponto crucial é a pureza de motivação.

Fabien: Os problemas do aborto e da morte por misericórdia, ou eutanásia, precisam de uma cuidadosa reflexão, de modo que as leis por nós criadas não se oponham às nossas leis interiores como seres humanos. A lei pode até dizer que o aborto é permitido, mas, no fundo, muita gente sente que é errado. Em alguns países, a morte por misericórdia é legal, enquanto em outros é severamente condenada. Como poderemos um dia criar leis universais sobre o direito de viver ou sobre o direito de morrer?

Dalai-Lama: A respeito do aborto e da morte por misericórdia, é muito simples. De modo geral, acho que ambos devem ser evitados. Se forem legalizados, então pelo menos que seja possível uma discussão franca e aberta. Se a lei considera esses atos ilegais, então até os casos excepcionais não poderão ser tratados com compaixão. Esses são domínios sociais e éticos difíceis.

Fabien: Pelo que o senhor disse antes, parece que há ligações cármicas e espirituais importantes entre os membros da mesma família. Saber que os nossos relacionamentos são condicionados por coisas que fizemos em vidas passadas facilita lidar com as situações familiares. Preveniria muita raiva, ressentimento e violência. Entretanto, incomoda-me ver alguém dar de ombros e não assumir responsabilidades, dizendo: "É carma". Acho que é exatamente o contrário. Acreditar que um ato produz conseqüências aumenta o nosso senso de responsabilidade. A visão budista do renascimento faz esta vida parecer mais valiosa, não menos. Se eu não acreditasse nisso, não teria como entender a vida; não teria nenhuma indicação sobre modos positivos de lidar com situações difíceis.

Dalai-Lama: Isso Deus sabe.

Fabien: O quê?

Dalai-Lama: Deus sabe a razão. (Ele ri.)

Fabien: Mas eu não sei; então, não adianta.

Dalai-Lama: Aqueles que acreditam em Deus aceitam que os seus caminhos são misteriosos. Acreditando nisso, eles têm algum consolo. Podem pensar: "A situação é muito ruim, mas deve haver algum propósito divino nela". Então, o sofrimento deve ter algum sentido. É apenas uma outra maneira de ver as coisas.

Fabien: Mas a teoria do renascimento não tem o objetivo de trazer consolo. É um meio de tornar as pessoas mais responsáveis.

Dalai-Lama: O que eu quero dizer é que, se você aceita a existência de um criador, então essa visão também lhe oferece um meio de aceitar as diferentes situações que surgem no decorrer da vida. Nunca é fácil enfrentar uma tragédia. Num nível convencional, você se sente muito mal, mas você pode acreditar que até o sofrimento é criado por Deus.

Anne: Isso não apresenta o risco de nos sentirmos vitimados, consciente ou inconscientemente forçados a aceitar a situação porque Deus a enviou? Acreditar no carma nos dá um sentido maior de responsabilidade. Se algo acontece comigo, é porque eu fiz alguma coisa que produziu esse resultado. Se sou responsável pela causa, então também sou o agente da mudança.

Dalai-Lama: Exato. Para os budistas e para alguns hindus que acreditam no carma, essa é a explicação. Você não precisa explicar isso para *mim*!

Fabien: Nós sabemos que o senhor sabe tudo isso; mas acho útil mencionar, mesmo assim.

Dalai-Lama: Fabien, o livro que será feito dessas entrevistas tem como alvo o grande público. Você não pode afirmar essas coisas.

Fabien: Posso, sim! Alguém disse uma vez que é melhor viver apenas três dias acreditando na reencarnação do que três vidas inteiras sem acreditar nela. A crença no carma é apenas um modo diferente de ver as coisas. Minha opinião sobre esse assunto não se baseia só no budismo. Como empresário, acredito que minhas ações terão resultados. Parece um sistema inteligente.

Dalai-Lama: Mas essa é a sua experiência particular, individual.

Fabien: Sim, mas pelo menos eu posso ser um exemplo, nada mais. Sei que em todas essas entrevistas o senhor tem tentado muito defender os cristãos. Deixe-me apoiar os budistas.

Dalai-Lama: Ah! Ah! Ah! Uma boa troca! Pois bem, a teoria do renascimento pode expandir nossa percepção, mas eu sinto que o conceito budista de encarar toda a humanidade e todos os outros seres vivos como indivíduos que foram, são ou serão nossa mãe – conceito que definimos como "todos os seres sencientes são mães" – é muito mais importante. Claro que, como sou budista, meu ponto de vista é ligeiramente tendencioso. Entretanto, creio que só o fato de ouvir ou dizer essas palavras produz uma tremenda abertura. Pensar só nos seres humanos é um pouco limitado. Pensar que todos os seres sencientes no universo foram nossa mãe em algum momento do tempo abre espaço para a compaixão.

Mas, por favor, entenda-me. Não quero dar a impressão de que estamos tentando, com menos ou mais sutileza, implantar uma mensagem budista na mente das pessoas. Resolvemos basear nossa discussão em ética secular, como simples seres humanos, de acordo com nossos sentimentos humanos inatos. Essa deve ser nossa base para explicar a compaixão e outros conceitos do gênero. Em sua essência, ela nada tem a ver com a religião.

Fabien: O senhor está totalmente certo. A mudança não precisa começar com um raciocínio extraído de conceitos religiosos complicados. Mas como podemos definir "a vida certa" a partir de um ponto de vista que não seja especificamente budista?

Dalai-Lama: Transcendendo qualquer ponto de vista budista, acho que aquelas ações que trazem a felicidade são certas, enquanto as que geram dor são erradas. O limiar entre certo e errado é a dor. Mau e bom podem ser medidos por nossa experiência de sofrimento e felicidade. Mas isso significa que devemos observar e pensar com cuidado. Não confundamos o prazer temporário com a felicidade duradoura. Muitas pessoas acabaram na prisão por causa de uns poucos momentos passageiros de prazer, não é verdade?

Fabien: Isso nos leva a outro assunto importante: a prisão. Quando uma pessoa escorrega e quebra uma perna, é levada a um hospital e tratada até se curar. Mas, quando as pessoas cometem erros morais ou outro tipo de falta ilegal, são levadas à prisão, onde ninguém tenta curá-las. Os presos raramente recebem assistência médica ou psicológica. Muitas vidas terminam nas portas dos presídios. A sociedade não deveria tentar curar indivíduos moralmente feridos antes, ou mesmo depois, de se tornarem delinqüentes?

Dalai-Lama: Há pessoas que criaram movimentos e organizações que cuidam desse problema. Certa vez, fui convidado a visitar o presídio Tihar, em Délhi – eu queria ver as condições físicas e mentais dos prisioneiros –, mas na última hora o Ministério do Interior cancelou o convite. Acho que eles não estavam preparados para a minha visita. Também conheci alguns americanos que cuidavam de prisioneiros. Essas pessoas, bem como o administrador do presídio em Délhi, me disseram como faz bem aos presos quando alguém lhes diz que eles merecem atenção, que não devem se sentir rejeitados pela sociedade e que há esperança para eles. Temos de reforçar a idéia de que as pessoas podem mudar e de que estamos aqui para ajudá-las. Isso pode influenciar muito as atitudes dos prisioneiros e lhes dar incentivo para se reabilitarem. Em alguns casos, ensinam-se os prisioneiros a praticar algumas orações curtas ou técnicas de meditação. Aparentemente, isso é muito útil.

Fabien: Há muitas organizações sem fins lucrativos que tentam ajudar os prisioneiros; mas não seria basicamente obrigação do governo integrar as prisões à sociedade? Por que sempre temos de pressionar os governos a agir?

Dalai-Lama: Eu tenho mais confiança nas pessoas. Os governos vivem mudando.

Fabien: O que o senhor acha da pena de morte?

Dalai-Lama: É muito ruim! A pena de morte é usada de dois modos: dissuasivo e punitivo. Alguns dias atrás, a BBC mostrou a história de um homem de 84 anos, de origem russa, mas que vivia na Inglaterra. Ele fora perseguido por um nazista muitos anos atrás e agora estava tentando levá-lo aos tribunais. Isso é apenas uma questão de vingança. Não há mais motivo para termos medo desses indivíduos. Aqueles que querem levar essas pessoas "à justiça" só desejam saborear a vingança. É absolutamente desnecessário.

Fabien: Então, o que o senhor sugere que façamos com os indivíduos que participaram do Holocausto, ou da matança de inúmeras pessoas no Chile, no Camboja, ou na União Soviética de Stalin, embora esses eventos tenham ocorrido décadas atrás?

Dalai-Lama: O melhor é perdoar. Não esquecer, mas perdoar. Os atos dessas pessoas foram vis, negativos, dignos de condenação, mas pertencem ao passado. No final das contas, todas as pessoas merecem compaixão e, quando necessário, perdão.

Mesmo como medida preventiva, não tenho certeza absoluta de que a pena de morte tenha algum valor. Se um jovem se torna criminoso por falta de amor e afeição, mais ódio não vai consertar a situação. Se existisse de fato um jovem criminoso e estivéssemos totalmente convictos de que ele jamais mudaria para melhor, nem mesmo lançando mão de meios espirituais, meditação ou qualquer coisa assim – se tivéssemos absoluta certeza de que, caso esse jovem continuasse vivo, ele assassinaria mais gente –, então talvez pudéssemos considerar a pena de morte. Mas, ainda assim, não acredito que a punição capital ajudaria. Deve haver outros meios.

Acho que as prisões são necessárias. É a atitude do público com relação aos prisioneiros que deve mudar. Deveria ser mais positiva, para que aqueles que estão ou estiveram presos não fossem rejeitados.

Fabien: Mas há um tipo de delinqüência que tem a ver principalmente com jovens cujo primeiro "crime" às vezes é algum deslize não muito sério. Colocar esses jovens na prisão ao lado de criminosos perigosos não os ajuda nem um pouco. Acho que seria mais construtivo fazê-los prestar serviços comunitários e outros trabalhos sociais, em vez de apenas enfiá-los numa cela, cercados de outros infelizes.

Dalai-Lama: Com certeza. Se a falta de um jovem é pequena ou reparável, e se sua estada na prisão vai destruir todas as esperanças de reintegrá-lo na sociedade, então a melhor solução é realmente o trabalho social.

Fabien: Agora eu gostaria de falar sobre esportes.

Dalai-Lama: Esportes? Sou especialista em esportes. Zero de ponta a ponta!

Fabien: O senhor acha que o esporte pode substituir a guerra?

Dalai-Lama: De certa forma, sim. O esporte ocupa as pessoas mental e fisicamente. Mas, por outro lado, as torcidas organizadas nos esportes criam muitas pequenas guerras!

Fabien: Em grandes estádios vemos cem mil pessoas batendo o pé, gritando e torcendo por algumas dezenas de homens que correm numa quadra. Por um lado, esse é um bom modo de liberar tensão e expressar emoções; mas, por outro lado, nossa paixão por esportes certas vezes mais parece uma neurose que só reforça a competição e a negatividade.

Dalai-Lama: As duas coisas são possíveis, mas prefiro encarar os esportes como mais uma área onde os seres humanos podem usar sua inteligência e criatividade.

Fabien: E quanto à música?

Dalai-Lama: As emoções humanas são moldadas não só pelo pensamento, mas também por outros meios, como a voz e o som. Acho que todas as formas de música, vocal ou instrumental, têm influência sobre nossas emoções. No mundo todo, os músicos se valem desse conhecimento. Sons mais altos e estridentes transmitem medo ou ira, enquanto uma música suave apazigua. Há uma diferença entre recitar e entoar mantras. A entoação mexe muito mais com as emoções. As palavras e os significados são os mesmos, mas o tom nos deixa muito mais profundamente ligados, principalmente no caso de orações de devoção.

Fabien: No Tibete, a arte – como a música e a escrita – era reservada para propósitos sagrados. Ouvi dizer que os artistas tibetanos não podiam mudar o estilo tradicional nem inventar um novo, e que as proporções eram sagradas e imutáveis. E quanto à arte do futuro Tibete?

Dalai-Lama: A inércia da arte tibetana foi causada principalmente por uma certa falta de iniciativa e criatividade. No caso do quinto dalai-lama, por exemplo, acho que nem se pode falar de criatividade. Para mim, a palavra *criatividade* evoca artistas modernos que imaginam algo inteiramente novo e então o expressam. As visões do quinto dalai-lama pertencem a uma dimensão muito diferente. Primeiro, elas apareciam diante dele. Ele via claramente grandes lamas, determinados vales, instrumentos ou outros objetos específicos. Depois, ele descrevia suas visões para o seu artista, ou as pintava pessoalmente, mas o resultado era uma cópia fiel do que ele via. Podemos dizer que isso é criatividade?

Acho arriscado estabelecer um paralelo entre uma experiência mística e criatividade. O pintor desenhou o rosto de uma divindade enfurecida conforme o quinto dalai-lama a descrevia. Depois, aquilo se tornou uma descrição. Isso não é criatividade. Mas a história do Tibete também já foi agraciada por grandes artistas e pintores que mostraram uma maravilhosa criatividade ao desenvolver novas técnicas e estilos. Tivemos grandes mestres, tais como os da escola Karma Gadri, e artistas que aperfeiçoaram os estilos Lungboum e Petri usando cores e técnicas magníficas.

Vejo dois modos de preservar a arte tibetana no futuro. Um é copiar meticulosamente as obras dos mestres anteriores, e o outro é usar técnicas existentes para criar novas expressões de acordo com nossa vida social e com nossas experiências atuais. Acho que novos estilos devem ser desenvolvidos e fiz esse apelo ao meu povo. Na verdade, tivemos recentemente alguns artistas do Tibete que apresentaram seus quadros aqui em Dharamsala. Alguns tinham relação com o darma, mas outros eram mais próximos da arte moderna.

Fabien: Todas essas questões têm a ver com o modo como os humanos criam, moldam e vivem em seu ambiente – tanto física quanto espiritualmente. Com relação a isso eu gostaria de lhe perguntar sobre saúde. No sistema médico tibetano, a saúde está mais ligada a fatores mentais ou físicos?

Dalai-Lama: Ambos têm o mesmo peso. Problemas em nosso corpo físico afetam a clareza mental. Freqüentemente nada há de errado com o corpo, mas algum evento relacionado à nossa estrutura mental ou emocional nos faz adoecer.

Fabien: Qual é a base da boa saúde?

Dalai-Lama: O corpo humano é composto dos elementos que já mencionei: ar, fogo, terra, água e espaço. Por sua natureza intrínseca, esses elementos entram em conflito. O fogo é quente, a água é fria, a terra é sólida e o ar é leve. São opostos. Se não estivessem em conflito, não haveria progresso. Nosso sistema tibetano de debate filosófico é semelhante: provoca muita contradição. O resultado é que o real conhecimento ou sabedoria pode se desenvolver. Sem contradição o desenvolvimento não teria continuidade. A saúde ocorre quando esses elementos conflitantes, que compõem nosso corpo, permanecem em estado de equilíbrio. Mesmo que germes ou vírus externos entrem no corpo, nosso sistema imunológico funcionará perfeitamente sempre que nossos elementos interiores estiverem em harmonia. O próprio corpo tem uma capacidade natural de lutar contra a agressão externa. Mas, quando há desarmonia entre os elementos, os agressores externos encontram um espaço que podem invadir.

Fabien: A qual sistema médico o senhor confia sua saúde?

Dalai-Lama: Sempre achei que os sistemas médicos holísticos, que consideram o corpo, a mente e o ambiente juntos, são mais úteis do que os sistemas médicos que separam esses elementos de nosso ser – principalmente no caso de doenças prolongadas ou crônicas. Após tê-los experimentado com sucesso em mim mesmo por muitos anos, desenvolvi uma fé grande – quase cega – na eficácia da medicina tibetana. Sou muito cético quanto à medicina alopática, embora saiba que é ótima em casos de emergência. Quando estou com febre alta, por exemplo, claro que me disponho a fazer um tratamento alopático, como tomar aspirina.

Fabien: Então, para um alívio imediato, o senhor acha que o tratamento alopático pode ajudar, mas não confiaria nele para restaurar um equilíbrio mais profundo e duradouro?

Dalai-Lama: Exatamente. Para isso, prefiro a medicina tibetana. Ela realmente funciona. É um pouco exigente, no sentido em que a pessoa tem de fazer o tratamento por vários meses, e os remédios e as doses devem ser reajustados freqüentemente, de acordo com a reação do corpo a esses tratamentos. Mas é realmente eficaz para manter os elementos em harmonia.

Fabien: O senhor acha que seria positivo se todos os sistemas médicos do mundo trabalhassem juntos e compartilhassem seus conhecimentos?

Dalai-Lama: Certamente. A medicina chinesa e a tibetana, em particular, bem como o sistema unani muçulmano do Afeganistão e o sistema aiurvédico indiano deveriam ser usados juntos.

Fabien: E quanto aos sistemas médicos africanos?

Dalai-Lama: Acho que devemos discernir duas categorias de medicina tradicional: os sistemas que têm textos escritos fundamentais, com explicações e comentários, como as ciências médicas da China, do Tibete ou a aiurvédica, e o conhecimento médico indígena, transmitido oralmente há várias gerações. Por exemplo, minha mãe conhecia muitos remédios de família, muito comuns entre os tibetanos que foram criados no Tibete e que estavam a par das tradições budistas. Essa sabedoria prática não se baseia no mesmo tipo de conhecimento que os médicos tibetanos devem ter e dominar durante os quase doze anos de estudo formal.

Muitas línguas africanas nunca foram escritas, e seu conhecimento, por vasto que seja, se baseia apenas na transmissão oral. Seu conhecimento médico indígena opera de modo semelhante. É certamente válido, mas não pode ser posto no mesmo nível do conhecimento literário.

A tradição tibetana, baseada no conhecimento budista das cinco ciências, entre elas medicina, lógica e filosofia, é completamente capaz de ter um diálogo – de igual para igual – com a ciência moderna. Graças a essa interface, acho que poderemos preservar a cultura tibetana, aumentando ao mesmo tempo nosso conhecimento científico. As tradições orais, como as dos índios americanos ou africanos, situam-se numa categoria diferente de debate.

Fabien: Que conselho o senhor daria a médicos, enfermeiras ou outras pessoas que trabalham com doentes?

Dalai-Lama: Considero essas profissões as mais preciosas do mundo. Essas pessoas prestam um grande serviço à humanidade. Aqueles que as procuram porque sentem dor, desesperados, estão enfrentando uma situação que foge de seu controle e mantêm tremendas expectativas com relação a esses profissionais da medicina. A vasta maioria dos que atuam nessa área é verdadeiramente devotada ao trabalho. Logicamente, quanto mais percebem como seus pacientes dependem deles, mais cresce seu poder de cura. Eles podem pensar: "Essas pessoas vêm até nós com muita esperança e expectativa. Até mesmo um pequeno e caloroso sorriso lhes dá conforto. Uma palavra gentil pode fazer muita diferença, mesmo quando a situação é desesperadora".

Embora a sinceridade seja importante, isso não significa que se deva ser duro, insensível ou até franco demais. Quando estou nas mãos de um médico que sorri e se preocupa comigo, sinto que ele cuidará bem de mim. Já vi médicos rodeados de equipamentos sofisticados, mas que não demonstravam nenhum sentimento humano. Senti-me estranho. Eles podem ser ótimos profissionais, mas não me transmitiram confiança.

Fabien: A morte também é difícil, tanto para os doentes e suas famílias quanto para os praticantes de medicina. Hoje em dia há muitas associações que ensinam as pessoas comuns e os profissionais a se comunicarem com pacientes que estão à beira da morte, usando massagens, toque terapêutico e outros métodos. Isso é muito útil. Costumávamos achar que o padre era a única pessoa capaz de ajudar um doente em seus últimos momentos de vida, mas hoje em dia há menos padres e as pessoas são menos religiosas; então precisamos preencher esse espaço, o senhor não acha?

Dalai-Lama: O livro de Sogyal Rinpoche, *O livro tibetano do viver e do morrer*, fala sobre isso. Sob o aspecto humano, fora de qualquer contexto religioso, acho que uma pessoa que está morrendo aprecia naturalmente a presença de amigos que mostrem interesse por ela e lhe façam companhia durante esse difícil período. O moribundo vai se sentir menos sozinho. Ele pode saber que está morrendo, mas se sentirá mais feliz. Imagine outra pessoa na mesma situação, só, por trás de uma porta fechada. Como ela deve se sentir triste!

Fabien: Por que temos tanta dificuldade em lidar com a morte? Por que nos recusamos a aceitar essa realidade fundamental da vida?

Dalai-Lama: É sempre melhor quando tanto os doentes quanto os sãos aceitam esse fim necessário. Mas, seja como for, devemos tentar fazer com que o fim seja repleto de paz e de afeição. Um de meus amigos, representante e monge do mosteiro Ganden, veio ver-me dois dias atrás. Ele tem câncer no estômago, incurável. Agora que a doença foi claramente diagnosticada, ele concluiu que não há esperança e que está na hora de partir. Quando nos encontramos, nem sequer estava perturbado. Eu lhe disse: "Se você se recuperar, será bom. Se você morrer, também será bom. Agora chegou o momento de pensar em sua próxima vida". Até brinquei com ele. Esse homem não só é um grande estudioso, mas também um bom monge e excelente mestre de cantos espirituais, dono de uma voz magnífica. Então, eu propus: "Até você atingir o estado de buda, deveria ser mestre de canto, além de um *geshe* (o equivalente tibetano a doutor em filosofia) e um bom monge". Ele prometeu que faria isso.

Claro que ambos sentíamos que sua partida era iminente, mas, apesar disso, ele estava muito feliz. Eu não via nenhum sinal de preocupação. Esse é o resultado de praticar o darma, de acreditar na reencarnação e de ter como alvo final o estado de buda. Sejam essas coisas verdadeiras ou não, são um excelente auxílio psicológico. Imagine como seria difícil para alguém que não acredita no renascimento, mas acha que sua única vida está chegando ao fim. E depois? Nada. Nada em que confiar, nada em que acreditar? Deve ser terrível! Se essa pessoa acredita em Deus, pelo menos tem alguma base para sua esperança.

No momento da morte, o melhor presente de despedida é a paz de espírito. Sabendo disso, os profissionais de saúde podem ter uma visão mais ampla da morte. Devem estar abertos para o fato de que as pessoas dependem deles nesse momento especial de suas vidas, e assim agirão com maior senso de responsabilidade e compaixão. Isso pode fazer uma grande diferença. Ajudar as pessoas no momento do nascimento e da morte é um dos serviços mais valiosos que se pode prestar à humanidade.

É verdade que, no Ocidente, as pessoas geralmente evitam pensar em morrer ou na morte. Agem assim para proteger a própria felicidade? Acho isso pouco plausível. Se elas se sentem ansiosas sempre que confrontam um evento considerado negativo, então é muito melhor aprender a lidar com esse evento, pensar nele, observá-lo atentamente e se familiarizar com ele. Quanto mais refletimos sobre a velhice e sobre a morte, mais percebemos que fazem parte de um processo natural, nada extraordinário. Se nos prepararmos assim, quando esses eventos de fato acontecerem, o trabalho de aceitá-los como parte muito normal de nossa vida já estará feito. Podemos simplesmente pensar: "Agora chega o período no qual minha vida termina". Acho que essa é a melhor atitude.

Fabien: E quanto às crianças, nesse caso?

Dalai-Lama: É difícil dizer. Quando elas são muito pequenas, antes dos sete ou oito anos, não completaram ainda o desenvolvimento de suas faculdades de raciocínio, e o contato direto com a morte pode chocá-las. Acho que é melhor evitar qualquer espécie de trauma nessa idade.

Quando ainda estávamos no Tibete, meu irmão mais novo, Tenzin Chogyal, e eu costumávamos ir com nossa mãe passear no Norbulinka, o palácio de verão em Lhasa. Havia um pavilhão cheio de maravilhosas coleções de livros, no jardim onde o 13º dalai-lama costumava ficar, em seus retiros. Um dia, colocaram na varanda um tigre empalhado que alguém trouxera da Índia. Quando meu irmãozinho viu aquilo, ficou tão assustado que desmaiou. A partir daquele dia, ele se recusava a ir até a varanda. Não adiantava tentar convencê-lo de que não era um tigre de verdade e que não lhe faria mal. Quando uma criança tem um choque, as explicações lógicas não funcionam.

Fabien: As crianças ocidentais vêem a morte o tempo todo na televisão. Ainda assim, não é o mesmo que estar na presença de uma pessoa morta, o que pode ser um choque. Isso depende muito do contexto familiar. Se uma criança vê seu avô ficar velhinho e morrer, pode aceitar a morte como um processo natural. Essa pode ser uma maneira de explicar a morte, o conforto da oração, a diferença entre corpo e mente.

Dalai-Lama: Mesmo assim, eu hesitaria muito em expor crianças com menos de oito anos ao choque da morte, quando possível. Após essa idade, seu modo de pensar muda e o choque é menor.

Fabien: Uma última pergunta a respeito de saúde e do modo de lidar com a morte. O senhor acha que um curto período diário de ioga ou meditação pode contribuir para a boa saúde e ajuda a nos prepararmos para – finalmente – a morte?

Dalai-Lama: Muitas pessoas me disseram isso. Tenho minhas dúvidas. A paz de espírito realmente contribui para a boa saúde; mas a meditação, para a maioria das pessoas, significa não pensar em nada, apenas relaxar, num estado de ausência mental. Isso pode ajudar um pouco a manter a paz de espírito, tornando-a mais profunda e duradoura. Pelo menos, durante esse lapso de tempo, a turbulência da mente se acalma. A meditação parece ajudar, mas é apenas um meio. A verdadeira paz de espírito é o ponto importante.

Acho que o meio mais efetivo de alcançar a paz de espírito é através da meditação analítica. Já mencionamos alguns aspectos diferentes dela, tais como refletir sobre a morte e aceitá-la como parte de nossa vida. Se, além disso, refletirmos e ganharmos conhecimento sobre assuntos como o renascimento, o estado búdico supremo e a natureza de *samsara* (existência temporal, não iluminada), então a morte nada mais é do que mudar de roupa. Todos esses tipos de meditação são meios pelos quais analisamos a realidade. Na medida em que a verdadeira percepção dessas coisas cresce em nós, os motivos de preocupação deixam de existir.

Fabien: A morte é o momento mais importante na vida de uma pessoa? O senhor disse que o nascimento e a morte são momentos cruciais, mas quando nascemos, mal temos consciência, ao passo que na hora da morte ou pouco depois, podemos...

Dalai-Lama: Depois da morte, você também não se lembra.

Fabien: Eu esperava que o senhor dissesse que há alguma consciência, também.

Dalai-Lama: Sim, na morte você tem mais preocupações e mais dor por causa dessa consciência. De acordo com aqueles que aceitam a reencarnação, o momento da morte é extremamente importante. É o último momento de preparação para a nossa próxima vida. Portanto, devemos desenvolver uma atitude muito positiva, fundada na mente apaziguada, naquele momento.

No budismo, nossa prática diária é um lembrete contínuo do fato da morte. Também é uma preparação para o próprio processo de morte. Toda prática de ioga divina contém temas que se referem a esse processo. Os "oito estágios" dessa prática fazem referência à dissolução dos elementos interiores: terra, água, fogo, ar e espaço. Esses elementos contêm mais três aspectos, chegando a um total de oito. No último estágio da morte, a mente, embora ainda viva, torna-se completamente independente do corpo. A consciência permanece durante os quatro primeiros estágios; depois, entramos num nível que transcende a consciência e dentro do qual há mais três estágios. Para um budista tibetano, o ritual *powa*, ou liberação da consciência, evita essa fase. Enquanto a consciência permanecer, devemos tentar pensar no nada e em *bodhicitta* e lembrar do guru e do Buda, do darma e da *sangha*, para que os últimos momentos desta vida sejam impregnados de um estado mental positivo. O efeito imediato é um renascimento positivo.

A morte é importante também de outro ponto de vista. O nascimento é o resultado de nossas vidas anteriores. Quer gostemos, quer não, é tarde demais. Nosso renascimento não está em nossas mãos. Sejamos nós meninas ou meninos, europeus, tibetanos ou indianos, a situação já está amadurecida. Bem, ouvi dizer que atualmente é possível mudar o sexo, mas não vejo sentido nisso. Mesmo que um homem possa virar uma mulher, ainda não pode engravidar.

Fabien: Ainda não.

Dalai-Lama: É verdade, ainda não. Logo poderemos acrescentar isso à nossa longa lista de preocupações, mas ainda não teremos o poder de mudar a situação geral do renascimento; no momento da morte, por outro lado, o poder de escolher o nosso destino ainda está em nossas mãos. Por isso esse momento é tão crucial. Infelizmente, não temos o poder de parar o tempo.

A mente e os milagres

Fabien: Ouvimos histórias incríveis a respeito do Tibete e dos professores tibetanos no exílio. Logo que se menciona o Tibete, surgem histórias de milagres, grandes e pequenos. Como o senhor explica esses fenômenos? O que torna o Tibete um país tão estranho e poderoso?

Dalai-Lama: Deve haver uma base para a ocorrência de um milagre. Sem fundamento não há milagre. Se você sabe algo sobre como esses fenômenos ocorrem, então o que parece extraordinário para os outros é normal para você, não é?

Vejamos o exemplo dos arco-íris e dos círculos de luz que aparecem no momento da morte de um grande lama. Nós, tibetanos, sabemos que esses fenômenos expressam o alto nível de experiência espiritual que a pessoa alcançou. Durante esses eventos, algumas forças misteriosas como *khandroma* (divindades femininas) e outros espíritos se manifestam. Então, como já disse, os arco-íris, que se relacionam com a chuva e com a temperatura, aparecem. Todos esses diferentes fatores se combinam para produzir o que as pessoas chamam de milagre. As pessoas que sabem sobre causas interligadas acham esses eventos mais normais. Quem não tem conhecimento da interdependência nem idéia das diferentes causas e efeitos em ação, vê apenas os arco-íris e o corpo desse grande ser, sem visualizar a ligação entre os dois. Para essas pessoas, isso é um milagre. Para elas, uma pessoa capaz de voar também é um milagre.

Alguns anos atrás, uma velha monja veio me ver. Por muitos anos ela viveu numa cabana, aqui em Dharamsala. Tinha cerca de oitenta anos quando faleceu. Antes de morrer, ela veio me oferecer dois antigos textos sobre *Dzogchen* (Grande Perfeição) *trekchö* e *tögal*. Eram textos muito bonitos, compostos por Tsogtrug Rangdrol, um grande professor. Perguntei à monja sobre a história de sua vida. Quando ela tinha por volta de vinte e seis anos, perdeu os dois filhos; pouco depois, seu marido morreu. Quando isso aconteceu, ela abandonou a família – que era muito rica – e começou a viver como mendiga, visitando todos os lugares sagrados. Acabou chegando ao mosteiro Drikung. Atrás desse mosteiro há uma alta montanha. Um lama *dzogchen* muito idoso, de Kham (leste do Tibete), vivia lá. Ele tinha cerca de quinze discípulos. Um dia, essa monja viu um deles voar de um lado a outro da montanha. "Ele simplesmente abriu seu manto vermelho, como se fosse um par de asas, e voou", ela me contou. Pensei comigo: "Essa velha monja, à beira da morte, que vive em Dharamsala há quinze anos como mendiga e é considerada clarividente, não tem o menor motivo para mentir para mim". Recebi seu testemunho como uma verdade.

Essas coisas podem parecer estranhas, a princípio, mas para nós são perfeitamente possíveis. O corpo é composto de cinco elementos. O elemento da consciência, mesmo num estado ordinário, é superior aos outros. Entretanto, a consciência de uma pessoa normal nunca funciona com plena capacidade, já que seu potencial não está totalmente desenvolvido. Quando, graças à meditação, todas as forças da mente são corretamente canalizadas e ganham mais força, assumem o pleno alcance de suas capacidades e podem controlar os outros elementos. De acordo com essa teoria, por meio de certas técnicas de meditação a respiração pode ser interrompida ou controlada, e uma pessoa pode levitar. Alguns praticantes conseguem até voar. Essas conquistas se devem simplesmente ao treinamento e ao domínio de técnicas específicas. Alguém que não tenha a menor idéia do assunto, porém, pode ver nisso um milagre.

Fabien: Isso significa que uma pessoa que consegue voar é um ser altamente realizado? Esses poderes são sinais de realização espiritual?

Dalai-Lama: De certa forma, as duas coisas estão ligadas. No caso de Milarepa, o famoso poeta, santo e visionário budista, essas qualidades eram subproduto de sua meditação sobre a clara luz. Seu objetivo ao meditar sobre a clara luz, sua prática principal, era aumentar infinitamente a sabedoria que faz compreender o vazio. Mas, na verdade, quando você desenvolve uma experiência mais profunda da consciência sutil, interior – que chamamos de clara luz –, esses poderes miraculosos despertam.

Fabien: Tem-se a impressão de que os autênticos praticantes não se importam muito com essas habilidades "sobrenaturais".

Dalai-Lama: Exato, pois para eles isso é normal. Vou lhe dar um exemplo. Uma equipe de médicos da faculdade de medicina de Harvard, liderada pelo doutor Herbert Benson, realizou experimentos para testar as capacidades fisiológicas de três praticantes tibetanos que viviam e se dedicavam à prática da meditação no Himalaia. Os médicos descobriram que esses iogues manifestavam capacidades extraordinárias, como manter estável a temperatura do corpo mesmo quando passavam horas, nus, em câmaras extremamente frias. Esses resultados foram publicados no *Journal of Medical Sciences*. Na verdade, esses três praticantes nunca tinham feito nenhum esforço específico para desenvolver a técnica do calor interno, ou *tummo*, como eles a chamam. Eles apenas meditavam sobre *shunyatta*, ou vazio, e praticavam a ioga de divindade.

Fabien: Há também muitas histórias sobre sinais maravilhosos que aparecem no momento que nasce um *tulku*.

Dalai-Lama: Algumas histórias costumam ser exageradas, mas outras são verdadeiras.

Fabien: Sempre aparecem sinais excepcionais quando nasce um *tulku*?

Dalai-Lama: Não necessariamente. Tudo isso deve parecer muito estranho para pessoas que não têm conhecimento da história, religião ou cultura do Tibete. Por muitos anos, o isolamento geográfico do Tibete contribuiu para o seu mistério. Coisas consideradas normais para nós eram inteiramente novas para o mundo moderno. Quando meu país se tornou acessível, todas essas estranhas histórias vazaram. As pessoas ficaram muito curiosas. Alguns estrangeiros desenvolveram um genuíno interesse por compreender nossas ciências espirituais.

Certa vez, quando estava visitando o leste europeu – Polônia ou Checoslováquia –, tive a oportunidade de visitar um laboratório científico onde se realizavam muitos experimentos sobre capacidades mentais e clarividência. Uma pessoa que eu conhecia me disse que, através da pura concentração, é possível deslocar um objeto alguns centímetros, sem tocá-lo. Nesse caso, acho que isso é resultado de uma absoluta concentração, apoiada por capacidades que provavelmente estão conectadas a certos aspectos da vida anterior da pessoa. Essas pessoas, provavelmente, não sabem como nem por que conseguem fazer essas coisas.

Fabien: Há muitas teorias que explicam esses fenômenos, mas pouca gente pode, de fato, controlar a mente e a matéria.

Dalai-Lama: Pode haver uma explicação muito simples para isso. Como você sabe, nunca me considerei um curandeiro. Não tenho essa qualidade. Sou um simples monge budista que está apenas começando, com grande dificuldade, a alcançar o estado de buda. Mas, se pego água pura, comum, e recito algum mantra em frente a ela, a água parece adquirir o poder de curar algumas pessoas. Às vezes estou com pressa, e a recitação não é perfeita, mas sempre a faço com motivação sincera, e funciona. Obviamente, a atitude da outra pessoa é importante também. Tem a ver com a receptividade dela e talvez com nossos vínculos cármicos. Tais coisas parecem estranhas ou milagrosas – mas serão realmente?

Fabien: O que o senhor acha dos cientistas que estudam o cérebro e a mente? Tanto o senhor quanto eles parecem pensar que tudo pode ser explicado.

Dalai-Lama: Exato. Isso me faz lembrar um amigo meu, indiano, que é budista. Ele começou como professor universitário, depois se tornou monge. Tem um interesse especial no vazio. Eu tinha grande respeito por ele e o deixava viver aqui com os monges. Mais tarde, ele saiu da ordem. Foi corrompido por uma mulher ocidental! (Estou brincando, é claro – foi escolha dele quebrar os votos.) Esse homem dedicava-se com empenho à prática da meditação e continua sendo um bom budista. Um dia, estávamos conversando e brincando, e ele disse que tinha progredido mais em sua prática do vazio após largar a vida monástica. Eu respondi: "Nesse caso, devíamos todos seguir seu exemplo". Nós rimos. Em outra ocasião, ele fez um comentário interessante: "O budismo começa onde a ciência termina". Há uma certa verdade nisso. A ciência é altamente desenvolvida no que diz respeito à matéria; mas ela pára quando adentra as dimensões da mente. O budismo começa com a mente.

Anne: A mente é imaterial, o que a diferencia fundamentalmente da matéria. Será que ela obedece às mesmas leis de interdependência e carma que sustentam o mundo material? Os princípios do carma e da interdependência funcionam da mesma forma para a mente e para a matéria?

Dalai-Lama: Eles se aplicam à mente e às suas ações. Claro que não podemos explicar a mente em termos de partes e direções no espaço, como é o caso das coisas materiais. Nestas últimas, dividimos o todo em partes e somos capazes de explicar a natureza interdependente do todo a partir dessa perspectiva mais fragmentada. Não podemos fazer isso com a mente. Nesse caso, a interdependência é explicada em termos de tempo e suas divisões. De resto, os princípios são os mesmos.

Fabien: Então, espaço se torna tempo.

Dalai-Lama: A mente, o tempo e tudo o que tem continuidade pode ser dividido em momentos. Mas, quando dizemos "mente", não pensamos em termos da mente de hoje, de ontem ou de amanhã. Referimo-nos, isso sim, a algo que consideramos a própria mente. Mesmo que procuremos com atenção, não podemos, contudo, encontrar a mente em si. Até os momentos mais breves têm um começo e um fim. Se não houvesse começo e fim, não poderia haveria uma continuidade.

Anne: Se a mente em si não pode ser encontrada, como ela interage com a matéria?

Dalai-Lama: Aí é que está o problema. Dentro do campo de meu limitado entendimento – segundo os tantras superiores em geral e o *kalachakra* em particular –, sei que os cinco elementos funcionam em vários níveis. Num nível externo, eles constituem o mundo material. Num nível interno, somos compostos dos mesmos cinco elementos, que funcionam em outros três níveis: o nível físico bruto; um nível mais sutil que podemos chamar de energia; e a mente mais interior, sutil ou clara luz, que contém *nuspa*, a energia potencial ou mais sutil daqueles mesmos cinco elementos. O aspecto de clara luz da mente é definido como "o criador de todos os fenômenos existentes dentro do círculo da existência (*samsara*) e além". Há uma ligação entre o nível interior e a consciência mais sutil, de modo que, quando alguma ação ocorre nesta última, pode influenciar os elementos em seu aspecto sutil. Estes, por sua vez, influenciam os elementos menos refinados.

Mas, para mim, nem a mente nem as partículas externas têm origem alguma, porque é praticamente impossível provar que tenham. Preferimos dizer que as partículas do espaço são sem começo. Tentar defender a abordagem oposta não só é muito difícil, mas também cria muitas complicações.

Assim, tentamos aceitar que a natureza de uma partícula e a de uma mente são ambas sem começo. Em nenhum dos casos somos capazes de explicar isso. É apenas a natureza das coisas, é assim que elas são. A mente tem poder cognitivo. Por quê? É a sua natureza! A matéria não tem poder cognitivo. Por quê? De novo, é a sua natureza. Os seres humanos têm um desejo inato de felicidade. Por quê? É a nossa natureza!

Fabien: Quando o senhor diz que a mente e as partículas do espaço são sem começo, isso significa que elas sempre existirão?

Dalai-Lama: Não. Sem começo não significa eterno. Deixe-me explicar. Uma vida humana – um corpo humano com mente humana –

tem um começo. Esse corpo humano começou a se formar num dado momento, assim como a mente humana, que é ligada àquele corpo desde o momento da concepção. Tanto a mente quanto o corpo vêm da própria continuidade anterior. O corpo vem do óvulo da mãe e do esperma do pai. Esses pais, por sua vez, vieram de outros pais através de gerações passadas. Podemos retroceder um bilhão de anos até as águas-vivas e, antes delas, até as partículas. Estas não eram necessariamente seres sencientes, mas eram partículas vivas. E, retrocedendo ainda mais, antes do *big bang*, acreditamos que as partículas já estavam lá. A causa original, substancial, desse corpo humano pode ser traçada até aquelas partículas.

Fabien: E a mente?

Dalai-Lama: Este corpo é ligado a este universo. Esta mente é independente. Pode ter vindo de outro universo... Só podemos explicar a teoria do *big bang* de uma maneira que caiba em nossa compreensão. Não podemos ir além disso. Que eu saiba, os cosmólogos de hoje dizem que só houve um *big bang*. Se eles puderem provar que isso é verdade, então a teoria budista precisa ser reestudada, pois nós dizemos que há vários. Nós acreditamos que houve um *big bang*, o universo se desenvolveu dele e depois desapareceu num buraco negro – ou algo assim. As coisas ficaram vazias por algum tempo. Depois ocorreu outro *big bang*.

Fabien: Essa é a teoria das *kalpa*, ou eras cósmicas?

Dalai-Lama: Um ciclo do *big bang* é mais longo do que um éon, uma *kalpa*. A extensão de tempo do início de um *big bang* até a sua conclusão e o início de outro é um *kalchen*, ou "grande *kalpa*".

Fabien: Houve um primeiro *big bang*?

Dalai-Lama: O tempo não tem começo. O que eu quero dizer é que, em relação a um evento em particular – nesse caso, a concepção de uma vida humana com corpo e mente –, podemos afirmar que há um início no tempo; mas, se você tentar localizar as origens das causas substanciais do corpo e da mente, não encontrará um começo.

Fabien: Então, de acordo com o budismo, tudo tem uma explicação. Não existe mistério.

Dalai-Lama: O senhor Buda era excepcional. Fora ele, acho que nem mesmo nossos grandes santos como Milarepa seriam capazes de imaginar ou compreender sequer os computadores! Você vê, os budistas não conseguem explicar tudo.

Fabien: O que eu quero dizer é isto: tanto no campo material quanto no metafísico, vocês não consideram nada misterioso. Sempre há alguma base, correto?

Dalai-Lama: É isso que estou tentando dizer. O buda pode alcançar a mente iluminada porque a própria natureza dela já existia. É por isso que o estado de buda – iluminação – é possível. Se não existisse essa natureza ou potencial, ele seria impossível.

Se você pergunta "por que o tempo é sem começo?", a resposta será: "Porque é a natureza dele". Se você decide acreditar no contrário, fica atolado em questões mais complexas e sem solução. Como surgiu a primeira partícula? Se ela for sem causa, então está além da lei de causalidade. Por que a primeira partícula deve escapar das leis de causalidade, enquanto todas as outras que a seguem não escapam? Não faz sentido. Se você aceita a idéia de um criador, então a pergunta é: "Por que o criador criou todas as coisas, e quem criou o criador?". Haja ou não um começo, a questão se torna muito complicada.

Já que seguimos o caminho da razão, preferimos a tese mais lógica, mesmo que não possamos comprová-la completamente. Se você tem duas alternativas, uma que não pode comprovar plenamente e outra que, além de não poder comprovar, ainda resulta em mais contradição, logicamente escolherá a alternativa que gera menos contradições.

Fabien: O que Buda dizia sobre isso?

Dalai-Lama: Ele dizia: "*Samsara* não tem começo nem fim". Quando Buda disse: "*Samsara* não tem começo", não era apenas do ponto de vista da verdade suprema, mas também da verdade convencional. Se *samsara* não tem começo, as partículas que a compõem também não devem ter. Se *samsara* tivesse um começo, então Buda também teria tido, e isso tornaria as coisas muito mais complicadas.

Fabien: A questão ainda está aberta para debate?

Dalai-Lama: Oh, sim, claro.

Fabien: Há budistas que passam a vida contemplando isso?

Dalai-Lama: Não, não essa questão. Ela resolveria o problema do sofrimento? De qualquer forma, nosso estudo nessa área não é suficiente, mas é aí que surge a grande diferença entre as questões espirituais e a ciência. Apesar de algumas semelhanças – em termos da lógica envolvida, por exemplo –, elas são totalmente diferentes.

Para os budistas, o aspecto espiritual é que Buda era iluminado. Segundo o ensinamento maaiana, ele alcançou a iluminação não nesta vida, como Siddharta, o Buda histórico, mas muito antes. Esse ser iluminado veio para a Índia e começou a pregar de acordo com sua experiência do despertar. Para nós, os ensinamentos não vieram através das experiências de uma pessoa, as quais resultaram no estado de buda. Buda era um indivíduo já realizado e começou a ensinar. Por isso, nós, seus seguidores, aceitamos esses ensinamentos. Não temos a capacidade de acrescentar coisa alguma.

Ao mesmo tempo – um fator singular – nós temos o direito e a liberdade de questionar as palavras de Buda. Se alguns de seus ensinamentos parecem contradizer nossa experiência normal ou nossas percepções sensoriais comuns, podemos questionar suas palavras e usar uma interpretação diferente. O próprio Buda nos deu essa liberdade. O nirvana e, além dele, o estado de buda, são dimensões muito misteriosas para nós. É extremamente difícil para nós, com nossas atuais capacidades convencionais de seres não iluminados, investigar ou experimentar essas dimensões. Embora não possamos compreender essas coisas, é possível termos alguma noção delas.

De certa forma, esse processo de compreensão espiritual é semelhante ao método científico. No começo, os cientistas tinham apenas uma idéia imprecisa da Lua ou de Marte. Seus cálculos não eram exatos. Agora que eles podem alcançar esses lugares, podem também realizar experimentos detalhados. Similarmente, o estado de buda é difícil de explicar em termos precisos, mas podemos dizer que, já que temos uma mente, esse estado pode ser alcançado.

No mesmo sentido, nossas emoções negativas não têm uma base sólida. Não há uma lógica que as sustenta. São apenas emoções negativas. Entretanto, as emoções positivas têm um motivo e uma base sólida. Por exemplo, o apego surge sem razão, enquanto a compaixão se desenvolve através do raciocínio, do pensamento, do estudo. Percebemos que os outros são como nós. Não quero dor, digo a mim mesmo; portanto, os outros seres sencientes também não querem. Dentro dessa perspectiva, quando vemos alguém sofrendo, nós o compreendemos e desenvolvemos compaixão. Às vezes, quando nos sentimos compassivos, isso provoca uma reação emocional poderosa. Mas podemos usar voluntariamente a razão para aceitar esse sentimento. No instante em que fazemos isso, podemos desfrutar de uma espécie de clareza. Estamos mais perto de compreender nossa natureza mental mais profunda. Se há apenas dor e sofrimento, essas emoções às vezes dominam nossa clareza mental, e ficamos como que amortecidos. Mas quando, por compaixão, aceitamos voluntariamente o sofrimento, ele adquire um motivo e um propósito. Como resultado, as reações emocionais poderosas que surgem com a compaixão não destroem nossa força mental básica.

Você vê a diferença? Analisando nossas experiências diárias, podemos reduzir nossas emoções negativas e aumentar as positivas. Devido ao vazio e porque possuímos a natureza de buda, sabemos que essas emoções negativas podem ser eliminadas. A combinação de todas essas razões nos permite dizer, num sentido geral, que o estado de buda é possível.

Mesmo assim, ainda é muito difícil explicar a iluminação em termos precisos. Temos de contar com os relatos dos outros para penetrar em níveis tão avançados de debate filosófico e espiritual. No entanto, para aceitar esses relatos, temos de comprovar o valor da pessoa que fez a afirmação. Portanto, estudamos os ensinamentos de Buda sobre interdependência e outras teorias muito profundas. Uma vez convencidos de sua verdadeira autenticidade, não teremos motivo para *não* confiar nele. Buda não tem motivos para mentir.

O conhecimento científico é transmitido por seres comuns. Seus predecessores chegaram a um determinado ponto e transmitiram seu conhecimento às gerações seguintes, que continuam investigando, com base em suas descobertas. Nesse sentido, ele é bem diferente do budismo.

Fabien: Se entendi bem, a transmissão espiritual de professor a discípulo é um elemento importante do ensinamento budista. A experiência autêntica de um mestre torna os ensinamentos muito claros.

Dalai-Lama: Isso é o que chamamos de linhagem abençoada. Há alguma forma de energia transmitida continuamente a partir do próprio Buda. Mestres qualificados, verdadeiros, possuem essa energia e podem passá-la aos seus discípulos. Isso é misterioso! Se um grupo de cem discípulos recebe o mesmo ensinamento ou iniciação do mesmo professor e ao mesmo tempo, somente uns poucos receberão a transmissão completa. Alguns se beneficiarão menos, outros nada. Outros ainda, por causa de pensamentos negativos sobre o professor, não só podem desviar essa energia positiva, mas ainda criar mais carma negativo enquanto ouvem o professor.

Fabien: O amor e a compaixão têm algum papel na transmissão espiritual? São essenciais?

Dalai-Lama: Sim, e como são! Nos ensinamentos maaiana ou tantraiana, a compaixão é necessária dos dois lados: do professor e do discípulo. Claro que o lama supostamente tem mais experiência e um entendimento mais profundo que o discípulo, mas, para transmitir essa energia sagrada especial, ele deve ter compaixão. Do contrário, como diz o ditado, ele só estará tentando encher uma jarra vazia com outra jarra vazia.

Fabien: Gostaria de voltar ao tema do Tibete. Parece que o Tibete já foi o país com o maior número *per capita* de sábios e professores religiosos e estudiosos. Na Europa, na América ou em outros lugares, não podemos encontrar tantos sábios ou santos por milha quadrada quanto no Tibete pré-chinês.

Dalai-Lama: Você acha? É verdade que a população do Tibete era muito pequena, cerca de seis milhões de pessoas, antes do início da ocupação chinesa. Para uma população tão pequena, parece que o trabalho realizado no campo da filosofia budista e do treinamento espiritual é grande demais. Talvez os tibetanos não tivessem outro assunto para estudar, então aqueles que tinham boa cabeça só encontravam uma possibilidade: o budadarma.

Por um acaso histórico, o Tibete é a única nação que recebeu e preservou uma forma completa de budadarma. Sri Lanka e Burma* são países verdadeiramente budistas que tiveram grandes mestres por vários séculos. Mas esses mestres não tiveram a oportunidade de estudar maaiana e tantraiana, e a população local rejeitava os conceitos contidos nesses ensinamentos. Os ensinamentos maaiana floresceram por algum tempo na Indochina e na China, mas não de forma completa. O Tibete é o único país onde todos os níveis do budismo foram estudados, praticados e preservados. Isso o torna mais autêntico. De alguma maneira – por algum motivo – tivemos essa oportunidade.

Fabien: Foi porque, por muito tempo, o país permaneceu fechado para estrangeiros, impedindo que influências externas atrapalhassem a transmissão do darma?

Dalai-Lama: Isso é um aspecto.

Fabien: Teria isso algo a ver com o lugar em si, com a altitude?

Dalai-Lama: É possível. Talvez algumas "forças misteriosas" também estivessem envolvidas. Não sei por que o Tibete foi tão privilegiado. Deve ter havido algum forte vínculo cármico com Buda Shakyamuni e também com Chenresig, meu chefe. Muito compassivo, o meu chefe! He-he!

Fabien: O senhor acredita em fantasmas, em espíritos dos mortos?

---

* Atual Muanmar. (N. T.)

Dalai-Lama: Claro! Entre os mamíferos e outros seres sencientes que possuem corpo, podemos ver muitas espécies diferentes. Do mesmo modo, há muitas espécies de seres sem forma – ou melhor, sem forma se comparados a nós. Da perspectiva deles, eles têm uma forma.

Às vezes o dalai-lama tem uma função dupla: uma na comunidade tibetana, como ser humano; e uma outra no reino dos espíritos. Talvez você já tenha ouvido falar de Shugden, o controvertido protetor que recentemente causou alguns problemas entre as comunidades tibetanas. Eu tenho a grande responsabilidade de combater esse espírito nos reinos misteriosos. Então, eis aí um caso em que um ser humano tem a responsabilidade de interferir no mundo dos espíritos!

Também tenho uma ligação muito íntima com o oráculo de Nechung e a protetora do Tibete, Palden Lhamo. Não é estranho? De qualquer forma, minha experiência pessoal me convenceu de que há muitas variedades de fantasmas e muitos tipos diferentes de espíritos.

Anne: O senhor está convencido disso porque os viu, ou por causa de outros sinais?

Dalai-Lama: Não posso vê-los. Não sou um *migtongwa*, alguém com habilidade especial de ver espíritos; mas sinto a presença dessas forças misteriosas. Assim como entre os seres humanos, alguns são positivos e prestativos, outros são prejudiciais, e outros ainda são neutros.

Fabien: Eles vivem num mundo paralelo ou em nosso mundo?

Dalai-Lama: Acho que aqueles que mencionei vivem no mesmo mundo que nós. Alguns espíritos podem ter seus mundos particulares e visitar o nosso com a intenção de ajudar os seres humanos ou de causar-lhes problemas.

Fabien: Existem também algumas forças ou seres elementares que são ligados ao ambiente, que se sentem responsáveis pela natureza?

Dalai-Lama: Certamente. No Tibete há um bom número de casos em que fontes secaram e árvores murcharam após a Revolução Cultural. Hoje em dia, quando os lamas voltam e reabrem templos e mosteiros nesses lugares, as fontes voltam à vida. Sim, há muitos casos assim. No futuro, poderíamos fazer pesquisas nessa área.

Fabien: O senhor sabe a história de Alexandra David Neel, a exploradora francesa que passou muitos anos no Tibete no início deste século. Ela escreveu muitos livros sobre a magia e o mistério do Tibete. Falou sobre magia negra, sobre feiticeiros vestidos com aventais feitos de ossos, etc. Qual é a origem da magia negra ou branca no Tibete? Elas vêm de fontes xamanísticas ou *bön*, que foram transmitidas para o budismo?

Dalai-Lama: Hoje em dia, *bön*, a religião tradicional do Tibete, está obviamente muito impregnada da lógica *madhyamika* budista. Os bönpos (seguidores de *bön*) até já tiraram citações diretas do grande sábio budista indiano, Chandrakirti. Noto que nos debates deles usam os mesmos argumentos das escolas Sakya e Gelug de budismo tibetano, particularmente sobre assuntos como lógica, *Prajnaparamita* (Perfeição da Sabedoria) e o Caminho do Meio. Esses argumentos foram certamente emprestados do budismo. Se já existissem na tradição *bön*, não teria havido necessidade de importar o budismo da Índia. Minha conclusão é que, antes de o budismo florescer no Tibete, havia uma forma simples de fé. Essa tradição continuou a se desenvolver depois da introdução do budismo. Muitos aspectos de *bön* e do budismo são bem semelhantes, mas também há muitas diferenças. Os praticantes de *bön* passeiam por lugares sagrados, como *chöten* (relicários ou túmulos tibetanos), em sentido anti-horário, enquanto os budistas sempre andam em sentido horário. Os bönpos nunca usam a palavra *darma*; dizem apenas *bön* ao se referirem aos ensinamentos espirituais.

Os ritos mágicos a que você se refere vêm do budismo e são encontrados principalmente nos ensinamentos tantraiana. Os ornamentos e aventais de ossos que mencionou são usados em determinadas cerimônias tântricas. Normalmente não são associados à magia negra. Mas a magia depende inteiramente de como é usada. Se for de um modo errado, então é magia negra.

O principal propósito dessas técnicas "mágicas" é beneficiar os seres sencientes. Por exemplo, nas práticas relacionadas aos mantras Heruka e Kilaya, emanamos muitas formas iradas. Tais práticas têm um propósito claramente definido. Só devem ser utilizadas com compaixão infinita e com a realização do vazio. O praticante que tem essas capacidades é qualificado para realizar tais ritos. Se uma pessoa não qualificada usar esses mantras, ritos e *yantra* (símbolos rituais), poderá, às vezes, criar problemas para os outros. Isso é triste. Falando honestamente, se forem usados da forma errada, alguns textos tântricos se tornam magia negra. Por isso, a prática e a transmissão de tantraiana é muito estrita. Não é para qualquer um.

Fabien: Um professor que transmite essas técnicas a um discípulo indigno é responsável pelo modo como elas são usadas?

Dalai-Lama: Sim. Sei de um professor qualificado que usou essas técnicas a vida toda. Quando estava chegando ao fim da vida, enrolou todas essas escrituras num tecido especial, que ele selou. Ninguém, exceto um praticante extremamente qualificado, tem sequer a permissão de ver esses documentos.

Fabien: E, no entanto, a tradição tântrica vem do próprio Buda.

Dalai-Lama: Correto, e eu sou um praticante do budismo tântrico! Mas os ensinamentos tantraiana também são transmitidos através de indivíduos. Por exemplo, quando se encontravam em estado de meditação profunda, mestres como Dilgo Khyentse Rinpoche e Dudjom Rinpoche, com os quais me encontrei muitas vezes, tinham uma clara visão de Padmasambhava, Vajradhara e outras divindades. Eles recebiam ensinamentos tântricos desses autênticos mestres da linhagem através de visões. Essa transmissão tantraiana aconteceu no século XX, mais de dois mil e quinhentos anos depois do passamento de Buda Shakyamuni. Essas linhagens, contudo, são verdadeiras. O Padmasambhava que apareceu nas visões daqueles grandes mestres é o mesmo ser que veio ao Tibete no século VIII para divulgar o darma. A transmissão *vinaya* é diferente. Votos monásticos não podem ser transmitidos através de uma visão. Ao invés disso, a linhagem deve continuar por meio de uma linhagem humana ininterrupta, iniciada com o Buda.

Fabien: Há outras histórias sobre santos budistas que nunca morreram, como Padmasambhava, que, segundo dizem, teria desaparecido no céu. Para mim, esses seres estão mais para divindades do que para santos.

Dalai-Lama: Que eu saiba, há quatro ou cinco santos que nunca morreram. Não podemos vê-los, mas, em casos especiais, as pessoas têm uma ligação cármica com eles e podem vir a conhecê-los, ainda hoje. Vimalamitra ainda está vivo na China, Mitrasugi vive na Índia e os três irmãos vajra da tradição Gelug ainda residem no Tibete.

Fabien: Mudando de assunto, muitos chefes de Estado usam astrólogos, médiuns ou clarividentes para ajudá-los a governar o país. Como o senhor consulta o oráculo Nechung?

Dalai-Lama: Da mesma maneira. Protetores, como o oráculo Nechung, fizeram um voto vitalício perante o guru Padmasambhava. Juraram servir ao budadarma, ser responsáveis por sua proteção em todas as épocas e jamais prejudicar qualquer ser senciente. Diferentemente de outros espíritos controvertidos, esses protetores fizeram o voto bodisatva de verdadeiro amor e compaixão. Mesmo que eu queira manipulá-los, não posso.

Até agora eles têm sido muito amistosos comigo, o que prova que sou honesto. Se eu fizer alguma coisa errada, acho que não serão mais tão gentis e prestativos. Até hoje, sempre que nos encontramos, eles me tratam como se eu fosse o mestre deles. No futuro, não sei.

Fabien: Até que ponto o senhor acha a astrologia importante?

Dalai Lama: Não é importante.

Fabien: Nem mesmo a astrologia tibetana?

Dalai-Lama: Não.

Fabien: Mas ela é utilizada na medicina tibetana.

Dalai-Lama: Eu acredito na medicina tibetana, mas não acho que ela depende de apoio astrológico.

Fabien: Então, para que serve a astrologia?

Dalai-Lama: Em Lhasa, a faculdade médica e o instituto astrológico eram associados, como são aqui em Dharamsala. Certa ocasião, quando visitei o Instituto Tibetano Médico e Astrológico de Dharamsala (TMAI), disse aos alunos que eu estava convicto de que a medicina tibetana tinha um grande futuro e encorajei os estudos comparativos entre nosso sistema médico e outros sistemas. Quanto à astrologia, disse francamente que não tinha fé nela. Notei que os alunos ficaram decepcionados e, subseqüentemente, questionaram o valor do instituto. No ano seguinte, repeti minha declaração, acrescentando, porém, que era minha opinião pessoal. Não quis dizer que o nosso sistema astrológico não seja uma parte importante da cultura tibetana e enfatizei que eles deveriam perseverar em seus estudos.

Anne: Determinados textos astrológicos não estariam ligados a textos médicos sagrados?

Dalai-Lama: Não da maneira como as pessoas normalmente encaram a astrologia. Os textos tantraiana, vistos sob a luz dos conceitos das pessoas comuns, às vezes mencionam que certos retiros deveriam começar em dias específicos. Mas o Buda disse que tudo o que acontece com você se deve ao seu carma, às suas ações e à causalidade. Ele nunca disse que era devido a *kar-ma* – palavra tibetana para "estrelas".

Anne: Mas, quando o senhor se refere à lua cheia ou nova – especificamente, que certos dias do ciclo lunar são bons para prática e purificação –, isso não está relacionado à influência das estrelas e dos planetas?

Dalai-Lama: Essa prática se deve à relação entre planetas, elementos físicos e constituintes do corpo humano. Para as pessoas que têm fé nessas coisas, elas são muito importantes, e essas pessoas realizam certas práticas em determinados dias, de acordo com sua crença. Não diz respeito ao budismo como um todo – pelo menos, acho que não.

Fabien: O senhor vê a cor da aura das pessoas?

Dalai-Lama: Não, nada sei sobre esse assunto.

Fabien: Mas já ouviu falar a respeito?

Dalai-Lama: Oh! sim, já vi fotos da aura em torno das mãos, por exemplo.

Fabien: Então, não é um sistema tibetano?

Dalai-Lama: Nunca ouvi falar da aura num contexto budista. Pode ter algo a ver com mérito ou sorte. Seres com um mérito poderoso são naturalmente cercados por uma espécie de magnificência sutil. A aura pode estar ligada a isso. Seres com um bom carma podem ter uma aura maior, e aqueles que não têm sorte ou são desafortunados, uma menor. Você já notou que algumas pessoas, apesar de boa educação, uma boa cabeça e tudo o mais, às vezes caem em situações azaradas? Outras, porém, que não são tão capazes, sempre têm sorte.

Fabien: Santidade, o senhor tem um mestre espiritual?

Dalai-Lama: Claro! Posso contar 15 mestres até agora.

Fabien: O senhor ainda trabalha com todos eles?

Dalai-Lama: A maioria já faleceu, mas cinco ou seis ainda vivem. E no futuro, no Tibete, poderei ter mais mestres – qualificados, não voluntários! Sei que alguns indivíduos se aproveitam de uma entrevista comigo para dizer que são meus professores quando voltam ao Tibete. Pode ser muito útil para eles. Mas, quando apareço em fotos com essas pessoas, você pode ver se estou feliz e sorrindo ou, pelo contrário, reservado. Essa é uma indicação do papel delas em minha prática espiritual.

Tive muitas experiências estranhas por causa de minha posição como dalai-lama! Se eu ficasse escondido nas montanhas, todos esses problemas jamais teriam existido e eu poderia ser um praticante melhor.

Fabien: De que consiste sua prática diária?

Dalai-Lama: Hoje em dia, quando estou em Dharamsala, acordo às 3:30h da manhã. Então – já se tornou automático – começo a recitar algum mantra para abençoar a voz. Depois, recito vários outros mantras. Em seguida, faço alguma prática de vida, principalmente as transmissões que recebi de Dilgo Khyentse Rinpoche, de Trulshig Rinpoche e de Chogye Trichen Rinpoche. São práticas de divindade com Tara, Tsepakme, etc. Depois, entôo outros mantras. A seguir, até perto das cinco e quinze, pratico guru ioga com Lopon Rinpoche (Padmasambhava) e Je Rinpoche (Tsongkhapa, fundador da Escola Gelug de Budismo Tibetano) e recito *sung gnag* e *chegnag*. São os diferentes sutras e mantras que ajudam a remover a doença e os obstáculos.

Tomo o café da manhã, durante o qual gosto de ler alguma coisa. Também me agrada escutar o programa tibetano na Voz da América. Quando termino o desjejum, começo outra guru ioga e faço meditação *bodhicitta* e *shunyata*, depois das quais faço ioga de divindade com cerca de oito mandalas diferentes. Muitas! Tudo isso se estende até oito e meia ou nove horas.

Passo o resto da manhã trabalhando em meu escritório ou lendo alguns textos filosóficos. Almoço ao meio-dia. Há quase dois anos, tenho uma dieta vegetariana um dia e não vegetariana no dia seguinte. Desse modo, pelo menos seis meses do ano sou vegetariano. Não consigo abandonar a carne totalmente. Tentei por dois anos, começando em 1965, mas tive hepatite B. Depois descobri que era uma forma muito grave, e ainda tenho problemas com o fígado, por causa dessa doença.

À tarde, venho sempre a esta sala. Se for domingo e não houver nenhuma audiência, às vezes convido algumas pessoas já idosas para virem até aqui e descreverem sua vida no Tibete antes de 1959. Sinto-me feliz falando com esses ex-funcionários, velhos lamas e eruditos.

Tomo chá às seis horas da tarde. Como monge budista, não janto. Não podemos comer alimentos sólidos depois que o sol cruzou o meridiano. Se sinto muita fome, como alguns biscoitos, com saudações ao Buda, pensando: "A saúde do dalai-lama é mais importante". Ah! Ah! Ah! Acho que o Buda é muito bondoso, não é? Ele tem grande visão e pode aceitar que o dalai-lama às vezes precise comer biscoitos!

Até mais ou menos oito da noite, faço oferendas aos protetores, como Mankala e Palden Lhamo. Depois, durmo das 8:30h às 3:30h, sem acordar.

Fabien: Com o que o senhor sonha?

Dalai-Lama: Com nada de extraordinário. Alguns dias atrás, sonhei que estava no Tibete, cercado pelos chineses. Sentia-me muito nervoso, pensando num modo de escapar. Acordei e fiquei feliz por me encontrar na Índia, livre!

Na verdade, não tenho fé em sonhos, sejam meus, sejam dos outros; mas às vezes temos sonhos excepcionais. Num desses, vi minha encarnação anterior, o sábio indiano Drupchen Nagpopa, um grande mestre da linhagem Heruka. Sempre gostei de uma certa estátua de Heruka que tenho desde a infância. Um dia, alguém me disse que ela pertencera a esse grande sábio indiano. De alguma forma, somos ligados.

O falecido Taklung Shaptrung certa vez me disse que, quando estava passando alguns ensinamentos Taklung ao também já falecido Dilgo Khyentse Rinpoche, ele realmente viu todos os lamas da linhagem aparecerem nas paredes do templo em Nepal. Explicava-me isso de maneira bem casual, mas, enquanto eu escutava, esses ensinamentos pareciam-me realmente ganhar vida.

Em outra ocasião, tive um sonho muito vívido com um grande lama. Em outro sonho, um abade do mosteiro Drepung disse: "Jamyang Choje (o chefe do mosteiro) ainda não chegou". Naquele momento pensei: "Eu sou o Jamyang Choje", mas meu nome era diferente. Senti que eu deveria me chamar Samyepa. No sonho, achei melhor não dizer isso ao abade. Então, respondi: "Talvez ele chegue mais tarde". No dia seguinte, quando me encontrei com Ling Rinpoche, que ainda estava vivo naquela época, contei-lhe meu sonho. Ele disse: "Jamyang Choje às vezes era chamado de Samyepa, porque nasceu em Samye". Até então, eu não sabia daquilo. Meu tutor me deu um tapinha nas costas e me parabenizou. Aquele sonho me fez pensar que talvez haja alguma ligação entre mim e aquele lama. Em termos de suprema realidade, porém, Jamyang Choje foi um grande mestre. Sou uma pessoa insignificante, comparado com ele. Não quero insinuar que eu seja alguma coisa grandiosa ou a reencarnação desse ou daquele professor. Se minha intenção fosse essa, meu voto *bhikshu* poderia ser prejudicado. Mas às vezes, sinto que tive algumas experiências extraordinárias que poderiam ser úteis aos meus amigos mais íntimos, para lhes despertar a convicção.

Fabien: Eu gostaria de lhe perguntar sobre *shunyata*, a vacuidade ou o vazio. No século XIX, esse conceito foi erroneamente compreendido e traduzido no Ocidente como "o nada". As pessoas achavam que o budismo era niilista.

Dalai-Lama: Foi um erro.

Fabien: Claro, mas muitas pessoas, incluindo o papa, continuam com a mesma idéia sobre o budismo. O senhor pode explicar o vazio em poucas palavras?

Dalai-Lama: Ontem você falou sobre o espaço onde cresce a compaixão. Às vezes, o vazio é como esse espaço. Não é espaço *em si*, mas age como um espaço que deixa todas as funções se desenvolverem. Se uma coesão absoluta se fizesse presente, nada mudaria, e nenhuma lei de causalidade poderia funcionar. Minha mão não se moveria. Mas tudo se move, o que indica que existe algum tipo de espaço vazio. Na verdade, é a ausência da existência independente – outro termo para vacuidade – que permite que todas as coisas funcionem.

Fabien: Os cientistas dizem que dentro do elétron não há quase nada: um terço é matéria, e dois terços são espaço vazio. Sabemos que as partículas são feitas de elétrons e que nós somos feitos de partículas. Portanto, tudo o que é material tem dois terços de vazio. Parece, então, que a ciência moderna tende a provar que o vazio é uma realidade e não apenas uma visão niilista da existência.

Dalai-Lama: O vazio e a matéria são dois lados da mesma moeda. Entretanto, o termo *vazio* é usado em diversos sentidos, de acordo com diferentes textos. Segundo os textos Madhyamika, *shunyata* implica surgimento dependente ou interdependência; no nível *trekchö* dos tantras Dzogchen e Mahamudra, indica a clara luz da mente, ou luminosidade. Embora existam duas explicações para o vazio – uma ligada aos Madhyamika ou sutra, e a outra ao tantra –, elas são relacionadas. São apenas aspectos diferentes da mesma coisa.

Em Dzogchen, *katag* ou pureza primordial é o aspecto do vazio, enquanto *lhundrup* ou despertar espontâneo é o aspecto interdependente. Nesse nível, *shunyata* significa especificamente "a clara luz como base de tudo". Essas visões muito profundas nada têm a ver com niilismo.

Fabien: Para uma filosofia de tamanha profundidade metafísica, fico intrigado com o imenso respeito dos budistas pelos objetos sagrados. Os judeus dizem que prostrar-se diante de uma estátua ou imagem é idolatria. Qual é a atitude dos budistas com relação a imagens?

Dalai-Lama: No budismo, as escrituras dizem que, quando uma pessoa tem uma realização mais profunda, não deve se prostrar diante de estátuas nem se apegar a objetos sagrados, pois o propósito de fazer tais coisas é justamente alcançar a realização. Se uma pessoa é plenamente realizada, não há necessidade de agir assim. É melhor meditar sobre a realização que fazer prostrações. Mas, para todos os outros, é melhor se curvar do que não se curvar. Pelo menos, você estará se lembrando da meta que deve seguir!

O objeto em si não é precioso – seu valor reside naquilo que ele representa. Quando fazemos prostrações, devemos imaginar que a estátua à nossa frente conjura a verdadeira essência do estado de buda. Se não pensarmos isso, de que adianta?

Também não fazemos distinção entre uma estátua de ouro ou de argila. Não devemos colocar um buda de ouro em posição mais alta e um de argila num lugar mais baixo; e não podemos colocar uma simples estátua de um protetor num local mais alto que a de Buda, mesmo que esta seja feita de argila. O que importa é o que a estátua representa para nós.

Fabien: Tenho outra pergunta sobre sofrimento. Acho estranho que os budistas reflitam tanto sobre o sofrimento e, no entanto, estejam sempre alegres. De onde vem essa alegria? Como podemos desenvolvê-la?

Dalai-Lama: Não acredito que o Buda alguma vez nos tenha aconselhado a meditar só sobre o sofrimento e suas causas, sem também refletir sobre a cessação do sofrimento e o caminho até ela. As Quatro Nobres Verdades – sofrimento, causa do sofrimento, sua cessação e o caminho até a cessação – andam juntas. Compreender que há causas que produzem o sofrimento, mas que é possível fazê-lo cessar, rejuvenesce nossa mente e ajuda a desenvolver uma firme determinação de alcançar a cessação de todo sofrimento. Meditar apenas sobre as duas primeiras verdades – sofrimento e sua causa –, sem considerar as duas últimas, não ajuda. É melhor tomar álcool e esquecer o sofrimento! As duas últimas verdades revelam não só que o sofrimento pode acabar, mas também que há um modo eficiente de alcançar esse estado. Quando esses dois últimos aspectos estão claros, vale a pena refletir sobre o sofrimento.

Fabien: Então, a idéia não é simplesmente aceitar o sofrimento como algo inevitável?

Dalai-Lama: Não, de jeito nenhum. Olhe o exemplo da guerra. Veja o que está acontecendo na Bósnia. Ninguém sabe como acabar com o problema; todos hesitam, e ela se prolonga incessantemente. Se conhecermos as causas, se soubermos que podemos usar certos métodos para resolver o problema, então podemos lidar com a guerra com confiança, determinação e alegria. Mas, se não tivermos a mínima idéia de qual será o resultado, será muito difícil agir. Ficou claro?

Se em meio ao sofrimento nós sabemos que há uma possibilidade de ele terminar e estamos cientes de como fazer isso, desenvolvemos a confiança necessária para superar o sofrimento.

Fabien: No seu altar aqui há duas estátuas. Já falamos sobre o guru Padmasambhava. O senhor pode nos falar a respeito de Avalokiteshvara, seu "chefe", como mencionou antes?

Dalai-Lama: Avalokiteshvara se chama Chenresig em tibetano. Também o chamamos de Thukje Chenbo, o Grandiosamente Compassivo. Ele fez o voto de ajudar todos os seres sencientes, não só humanos.

Fabien: Eu ouvir dizer que Chenresig queria libertar cada ser senciente de seu sofrimento. Um dia, a tarefa pareceu tão imensa que ele ficou desanimado. Seu coração explodiu de tristeza, e ele apareceu com 11 cabeças e mil braços, emanando uma miríade de divindades. O senhor às vezes perde a esperança? Onde encontra coragem para continuar, praticar, servir, ser o dalai-lama, com toda a responsabilidade que isso implica? Em que parte de seu ser o senhor encontra essa motivação?

Dalai-Lama: Chenresig é muito sério. Eu não sou assim. Na verdade, penso que a força vem até mim através de treinamento com os versos de Shantideva, como: "Enquanto existir o espaço, enquanto houver seres sofrendo, eu permanecerei para servir". Esse voto e sua subjacente prática são muito fortes. Eles me dão força interior. Para mim, o propósito da vida é a felicidade, ou satisfação, cuja verdadeira fonte é ajudar e servir aos outros. Assim a vida adquire sentido.

Certo dia, quando o primeiro dalai-lama já estava muito velho, ele disse aos seus discípulos: "Agora estou velho demais, é hora de partir". "O senhor quer dizer que vai para algum céu?", perguntou um discípulo. "Céu? De jeito nenhum. Meu maior desejo é renascer no lugar onde existe mais sofrimento", disse o dalai-lama.

Essas palavras me voltam à mente, de tempos em tempos. Essa atitude é realmente magnífica. Ela dá ao indivíduo um verdadeiro propósito. Do contrário, vá simplesmente para algum céu e fique bêbado com álcool celestial, ouvindo um bom *rock* e tudo o mais...

He-he! É mais ou menos a mesma coisa, não é?

Fabien: É uma aposta arriscada. Então, o senhor nunca fica tentado a desistir?

Dalai-Lama: Nunca. Aonde quer que eu vá – França, Alemanha, América, África ou Austrália –, recebo uma boa resposta do povo. Sinto que a bondade na raça humana reage a essa atitude. Se sou sincero, se respeito as pessoas, elas são receptivas e reagem da mesma maneira. Isso me anima. Mesmo os pequenos pássaros e insetos confiam em mim, se eu os alimento e cuido deles com ternura.

A história de Chenresig é autêntica, mas é um símbolo. É impossível para um genuíno bodisatva desistir. Outra versão dessa mesma história diz que ele, na realidade, já era iluminado, mas manifestou aquela forma quando sua cabeça se dividiu e se abriu. Em seguida, Amitabha o abençoou e aumentou seu poder de ajudar os seres. Que linda inspiração!

Fabien: Talvez isso signifique que Chenresig possuía capacidades tremendas que ainda não estava usando, e seu aparente desânimo foi uma maneira de catalisar todas elas.

Dalai-Lama: Exato. Multiplicou sua energia.

Fabien: Por isso o voto bodisatva é tão bonito. É tão poderoso que só de pensar em abandoná-lo, Chenresig explodiu em muitas formas compassivas. Que incrível. O senhor precisa realimentar essa motivação?

Dalai-Lama: Com certeza. Todos os dias. Essa é a prática *bodhicitta*. Geralmente passo vários minutos refletindo sobre os versos de Shantideva e tentando moldar minha mente. Hoje em dia, acho que minha mente se tornou muito tola. Antes, quando refletia sobre determinados versos que se referem à mente compassiva e tentava modelar minha motivação com altruísmo, eu costumava chorar. Realmente, sentia alguma coisa todas as manhãs. E aquele sentimento de compaixão ficava comigo o dia inteiro. Passaram-se meses e anos assim. Essa prática trouxe grande significado à minha vida. Às vezes, eu até parecia bobo. E daí?

Epílogo

Quando saímos da residência de Sua Santidade, meus olhos brilhavam, e a exaltação que eu sentia fazia o chão sob meus pés parecer leve e flutuante. Três copos de champanhe não teriam estimulado sentimentos como aqueles que me acometiam quando deixei a presença do Dalai-Lama. Uma refeição num restaurante das proximidades me trouxe de volta aos meus interesses mais mundanos. O cheiro de diesel e os sons das buzinas, o barulho dos bodes sendo colocados nos ônibus juntamente com os passageiros, faziam parte do prazer com que comi o frango tandoori. Mas o pandemônio do mercado ao ar livre, do lado de fora, não podia abafar a voz grave de Sua Santidade, e seu riso contagiante ainda ecoava em minha cabeça, como música. Pareceu aumentar, quando saí do restaurante e voltei ao hotel.

Minhas conversas com Sua Santidade tinham desafiado meu desconforto e a culpa judaico-cristã em torno do dinheiro e de minha noção de que ele é um mal. Com alguns gestos precisos de suas poderosas mãos, Sua Santidade tinha colocado o dinheiro de volta em seu devido lugar, como apenas um dos componentes da felicidade; na verdade, ficara em quarto lugar, depois da mente, da saúde e da amizade. Satisfazer-se com uma mistura harmoniosa desses quatro aspectos pareceu-me ser a atitude correta na vida. Fiquei aliviado por saber que Sua

Santidade considerava o dinheiro importante e capaz de criar bem-estar, mas que não era indispensável.

Sua Santidade tinha um modo incrivelmente fácil de abrir minhas perspectivas e dissolver minhas barreiras conceituais. Por exemplo, sempre fiz um esforço enorme para ser "espontâneo", o que para mim significava me auto-analisar e me sentir à vontade comigo mesmo e com os outros. De repente, agora me parecia que todo o meu esforço para ser espontâneo era apenas uma pequena porção de minha jornada. Sentir-me unido a mim mesmo e ao mundo todo não era suficiente, pois não garantia que a compaixão germinasse e florescesse dentro de mim.

Encontrar-me com Sua Santidade foi para mim uma poderosa garantia de que os ideais de compaixão e amor de que ele fala são mais do que teorias levianas. Ele é um testamento vivo da efetividade do caminho que ele próprio ensina. Tem um vasto senso de responsabilidade pessoal, mas não é uma responsabilidade pesada ou restritiva. Pelo contrário, ele parece totalmente absorto em alegria, curiosidade e tomado por um maravilhoso senso de humor; e eu não pude deixar de me envolver nisso.

De volta ao hotel, sentei-me na varanda e comecei a ponderar os eventos da semana que acabara. O som da água que caía de uma pequena cachoeira me trouxe de volta ao presente. O fluxo incessante da água me fez pensar no sangue correndo por meu corpo. Enquanto estivermos vivos, enquanto o coração bater e os pulmões respirarem, o potencial para a iluminação estará conosco e ninguém pode nos privar dele. Se treinarmos para ficar cada vez mais conscientes e perceptivos, com o altruísmo como nosso embasamento, poderemos nos juntar a Sua Santidade no oceano do amor iluminado.

Apêndice

A comunidade global e a necessidade de uma responsabilidade universal

A comunidade global

Ao findar o século XX, percebemos que o mundo ficou menor e que os povos se tornaram quase que uma única comunidade. Alianças políticas e militares criaram grandes grupos multinacionais; a indústria e o comércio internacional produziram uma economia global; as comunicações mundiais estão eliminando antigas barreiras de distância, língua e raça. Estamos também sendo atraídos uns aos outros pelos graves problemas que enfrentamos: superpopulação, escassez de recursos naturais e uma crise ambiental que ameaça nosso ar, nossa água, nossas árvores e um vasto número de belas formas de vida que são o próprio fundamento da existência neste pequeno planeta que partilhamos.

Acredito que, para enfrentar o desafio dos tempos, o ser humano terá de desenvolver um senso maior de responsabilidade universal. Cada um de nós deve aprender a trabalhar não apenas para si ou para sua família ou até para sua nação, mas para o benefício de toda a humanidade. A responsabilidade universal é a verdadeira chave da sobrevivência humana. É a melhor das bases para a paz mundial, para o uso eqüitativo dos recursos naturais e, através da preocupação com as gerações futuras, para o conveniente cuidado com o meio ambiente.

Há algum tempo venho pensando em como aumentar nosso senso de responsabilidade mútua e a motivação altruística da qual ela deriva. Sucintamente, gostaria agora de apresentar minhas idéias.

Uma só família humana

Gostemos ou não da idéia, todos nós nascemos nesta Terra como parte de uma grande família humana. Ricos ou pobres, com ou sem educação, pertencentes a uma ou a outra nação, a esta ou àquela religião, seguidores desta ou daquela ideologia, no final das contas cada um de nós é apenas um ser humano como todos os outros: todos desejamos a felicidade e não queremos sofrer. Além disso, cada um de nós tem o mesmo direito de ir em busca dessas metas. O mundo de hoje exige que aceitemos a unicidade da humanidade. No passado, comunidades isoladas podiam se dar ao luxo de se considerar fundamentalmente separadas e até de existir em isolamento total. Hoje em dia, porém, os acontecimentos de uma parte qualquer do mundo acabam afetando o planeta inteiro. Portanto, temos de tratar cada grande problema local como um interesse global, a partir do momento em que ele surgir. Não podemos mais invocar as barreiras nacionais, raciais ou ideológicas que nos separam, sem repercussões destrutivas. No contexto de nossa nova interdependência, a melhor forma de auto-interesse é, obviamente, considerar os interesses dos outros.

Considero esse fato uma fonte de esperança. A necessidade de cooperação só pode fortalecer a humanidade, porque nos ajuda a reconhecer que o embasamento mais seguro para a nova ordem mundial não se resume a alianças políticas e econômicas maiores, mas deve incluir a genuína prática individual do amor e da compaixão. Para um futuro melhor, mais feliz, mais estável e civilizado, cada um de nós deve desenvolver um sentimento sincero, caloroso e cordial de verdadeira irmandade.

A medicina do altruísmo

No Tibete, dizemos que muitas doenças podem ser curadas pela medicina do amor e da compaixão. Essas qualidades são a fonte suprema da felicidade humana, e nossa necessidade delas reside bem no centro de nosso ser. Infelizmente, o amor e a compaixão há muito tempo vêm sendo omitidos em muitas esferas da interação social. Geralmente confinados à família e ao lar, seu uso na vida pública é considerado impraticável, até ingênuo. Isso é trágico. Em minha visão, a prática da compaixão não é um sintoma de idealismo irrealista, e sim o meio mais eficaz de visar aos melhores interesses dos outros, bem como aos nossos próprios. Quanto mais nós – nação, grupo ou indivíduos – dependermos dos outros, mais deveremos observar os interesses dos outros se quisermos garantir nosso próprio bem-estar.

A prática do altruísmo é a verdadeira fonte de compromisso e cooperação – só reconhecer nossa necessidade de harmonia não basta. Uma mente comprometida com a compaixão é como um reservatório transbordante – uma constante fonte de energia, determinação e bondade. É como uma semente – quando cultivada, gera muitas outras boas qualidades, tais como perdão, tolerância, força interior e confiança para superar o medo e a insegurança. A mente compassiva é como um elixir – é capaz de transformar situações ruins em benéficas. Portanto, não devemos limitar nossas expressões de amor e compaixão à nossa família e aos amigos. Tampouco é a compaixão uma responsabilidade exclusiva do clero, dos profissionais de saúde e dos assistentes sociais. É o trabalho necessário de todo setor da comunidade humana.

Se surge um conflito na área da política, dos negócios ou da religião, a abordagem altruística é freqüentemente o único meio de resolvê-lo. Às vezes, os conceitos que usamos para mediar uma disputa são as próprias causas do problema. Em momentos assim, quando uma solução parece impossível, ambos os lados deveriam lembrar-se da natureza humana básica que os une. Isso ajudará a quebrar o impasse e, a longo prazo, facilitará a todos alcançarem sua meta. Embora nenhum dos lados fique plenamente satisfeito, se ambos fizerem concessões, pelo menos o perigo de um conflito maior será evitado. Todos sabemos que essa forma de compromisso é o meio mais eficaz de resolver problemas – então, por que não o usamos com mais freqüência?

Quando penso na falta de cooperação na sociedade humana, só posso concluir que ela brota da ignorância quanto à nossa natureza interdependente. Comove-me sempre o exemplo dos pequenos insetos, como as abelhas. As leis da natureza obrigam as abelhas a trabalharem juntas para sobreviver. O resultado é que elas possuem um senso instintivo de responsabilidade social. Não têm constituição, nem leis, polícia, religião ou treinamento moral, mas, por causa de sua natureza, trabalham fielmente juntas. Ocasionalmente, podem brigar; mas de modo geral toda a colônia sobrevive à base de cooperação. Os seres humanos, por outro lado, têm constituições, vastos sistemas legais e forças policiais; temos religião, uma inteligência notável e um coração com uma grande capacidade de amar. Mas, apesar de todas as nossas extraordinárias qualidades, na prática estamos atrás dos insetos. Em alguns aspectos, sinto que somos mais pobres que as abelhas.

Por exemplo: milhões de pessoas vivem juntas em cidades grandes, no mundo todo, mas, a despeito dessa proximidade, muitas se sentem sozinhas. Algumas não têm um único ser humano com quem possam compartilhar seus sentimentos mais profundos e vivem num estado de perpétua agitação. Isso é muito triste. Não somos animais solitários que só se unem para reproduzir. Se fôssemos, para que construiríamos grandes cidades e municípios? Mas, embora sejamos animais impelidos a viver juntos, infelizmente não temos senso de responsabilidade para com nossos irmãos humanos. Será que a falha está em nossa arquitetura social – as estruturas básicas de família e comunidade que sustentam a sociedade? Ou a falha está em nossas comodidades externas – nossas máquinas, a ciência e a tecnologia? Acho que não.

Creio que, apesar dos rápidos avanços feitos pela civilização neste século, a causa mais imediata de nosso atual dilema é nossa indevida ênfase no desenvolvimento material. Tornamo-nos tão envolvidos nessa busca que, sem percebermos, deixamos de alimentar as necessidades humanas mais básicas de amor, bondade, cooperação e atenção. Se não conhecemos uma pessoa ou não temos motivo para sentir alguma ligação com determinado indivíduo ou grupo, simplesmente o ignoramos. Mas o desenvolvimento da sociedade humana se baseia inteiramente no ato de nos ajudarmos uns aos outros. Se perdermos o humanismo essencial, que é a nossa base, de que adianta irmos atrás de progresso material?

Para mim, uma coisa é clara: um genuíno senso de responsabilidade só pode surgir se desenvolvermos compaixão. Só um sentimento espontâneo de empatia pelos outros pode de fato nos motivar a agir em favor deles. Já expliquei como cultivar a compaixão. Deste ponto em diante, nesta exposição, gostaria de comentar como a nossa atual situação global pode ser melhorada se nos ativermos mais à responsabilidade universal.

Responsabilidade universal

Em primeiro lugar, devo dizer que não acredito em criar movimentos ou em apoiar ideologias. Tampouco gosto da prática de estabelecer uma organização para promover uma idéia em particular, o que implicaria que só um grupo de pessoas é responsável pela conquista de tal meta, enquanto todos os outros se eximem. Em nossas atuais circunstâncias, nenhum de nós pode achar que outras pessoas resolverão nossos problemas; cada um deve assumir sua parte na responsabilidade universal. Dessa forma, à medida que cresce o número de indivíduos interessados e responsáveis, dezenas, centenas e até milhares dessas pessoas podem melhorar muito o clima geral. A mudança positiva não vem rapidamente e exige esforço contínuo. Se desanimarmos, não poderemos alcançar nem as metas mais simples. Com empenho constante e decidido, podemos realizar até os objetivos mais difíceis.

Adotar uma atitude de responsabilidade universal é essencialmente uma questão pessoal. O verdadeiro teste de compaixão não é o que dizemos em discussões abstratas, mas sim a maneira como nos conduzimos no dia-a-dia. Ainda assim, certas visões fundamentais são básicas para a prática do altruísmo.

Embora nenhum sistema de governo seja perfeito, a democracia é o mais próximo da natureza essencial da humanidade. Por isso, aqueles dentre nós que a apreciam devem continuar lutando pelo direito das pessoas a desfrutá-la. Além disso, a democracia é a única fundação estável sobre a qual uma estrutura política global pode ser construída. Para trabalharmos assim, devemos respeitar o direito de todos os povos e nações a manterem distintos seus valores e seu caráter.

Em particular, um tremendo esforço será exigido para que se leve a compaixão ao reino dos negócios internacionais. A desigualdade econômica, principalmente entre nações desenvolvidas e nações em desenvolvimento, ainda é a maior fonte de sofrimento neste planeta. Mesmo que percam dinheiro a curto prazo, as grandes corporações multinacionais devem parar de explorar as nações pobres. Usar os poucos e preciosos recursos que esses países possuem apenas para alimentar o consumismo do mundo desenvolvido é desastroso; se isso continuar, logo todos iremos sofrer. Uma atitude muito mais sábia para promover estabilidade política e econômica é fortalecer as economias fracas e não diversificadas. Por mais idealista que pareça, o altruísmo – em lugar da mera competição e do desejo de riqueza – deveria ser a mola propulsora numa empresa.

Também precisamos renovar nosso compromisso com os valores humanos na área da ciência moderna. Embora o principal propósito da ciência seja aprender mais sobre a realidade, outra de suas metas é melhorar a qualidade de vida. Sem motivação altruística, os cientistas não conseguem distinguir entre as tecnologias benéficas e as meramente expedientes. O dano ambiental ao nosso redor é o exemplo mais óbvio do resultado dessa confusão, mas a devida motivação pode ser ainda mais relevante para a forma como lidamos com a extraordinária nova gama de técnicas biológicas, com as quais podemos manipular as sutis estruturas da própria vida. Se não embasarmos cada uma de nossas ações numa fundação ética, corremos o risco de infligir um dano terrível à delicada matriz da vida.

As religiões do mundo também não estão isentas dessa responsabilidade. O propósito da religião não é construir belas igrejas ou templos, mas cultivar qualidades humanas positivas, como a tolerância, a generosidade e o amor. Toda religião de alcance mundial, independentemente de sua visão filosófica, é fundamentada, antes de qualquer coisa, no preceito de que devemos reduzir nosso egoísmo e servir aos outros. Infelizmente, às vezes a própria religião causa mais querelas do que as resolve. Os praticantes de diferentes crenças devem compreender que cada tradição religiosa tem imenso valor intrínseco e os meios de propiciar saúde mental e espiritual. Uma única religião, assim como um único tipo de alimento, seria incapaz de satisfazer a todos os gostos. De acordo com suas variadas disposições mentais, algumas pessoas se beneficiam com um tipo de ensinamento, enquanto outras, com outro tipo. Cada crença tem a capacidade de produzir indivíduos bons, de coração terno; e, apesar de suas filosofias geralmente contraditórias, todas elas conseguem fazer isso. Portanto, não há motivo para nos envolvermos na idolatria religiosa sectária e na intolerância; por outro lado, temos todos os motivos para aceitar e respeitar todas as formas de prática espiritual.

Certamente a área mais importante onde devemos plantar as sementes do altruísmo maior é a das relações internacionais. Nos últimos anos, o mundo vem mudando dramaticamente. Acho que todos concordamos que o fim da guerra fria e o colapso do comunismo no leste da Europa e na antiga União Soviética trouxeram uma nova era histórica. No fim da década de 1990, parecia que a experiência humana no século XX tinha completado um ciclo.

Esse foi o período mais doloroso da história humana, um tempo em que, por causa do enorme aumento do poder destrutivo das armas, mais pessoas sofreram com a violência e morreram por causa dela do que em qualquer outra época anterior. Além disso, testemunhamos uma competição quase fatal entre as ideologias fundamentais que sempre dividiram a comunidade humana: força e poder bruto de um lado, e liberdade, pluralismo, direitos humanos e democracia do outro. Acredito que os resultados dessa grande competição estão claros agora. Embora o bom espírito humano de paz, liberdade e democracia ainda enfrente muitas formas de tirania e de mal, é fato inquestionável que a vasta maioria das pessoas, em todos os lugares, quer que ele triunfe. Assim, as tragédias de nosso tempo não aconteceram totalmente sem qualquer benefício e, em muitos casos, foram o próprio meio pelo qual a mente humana se abriu. O colapso do comunismo mostra isso.

Embora o comunismo ostentasse muitos ideais nobres, inclusive o altruísmo, a tentativa das elites governantes de ditar suas visões se mostrou desastrosa. Esses governos se empenharam em controlar todo o fluxo de informações dentro de suas sociedades e em estruturar seus sistemas educacionais para que os cidadãos trabalhassem pelo bem comum. Embora no começo uma organização rígida talvez tenha parecido necessária para destruir antigos regimes opressores, uma vez atingida tal meta, a organização teve pouco para contribuir, no sentido de criar uma comunidade humana útil. O comunismo fracassou inteiramente porque dependia da força para promover suas crenças. No final das contas, a natureza humana foi incapaz de sustentar o sofrimento que ele produziu.

Força bruta, por mais dura que seja sua aplicação, nunca pode subjugar o desejo humano básico de liberdade. As centenas de milhares de pessoas que se puseram em marcha nas cidades do leste europeu provaram isso. Elas simplesmente expressaram a necessidade humana de liberdade e democracia. Foram atos comoventes. Suas exigências nada tinham a ver com uma nova ideologia; aquelas pessoas apenas falavam publicamente o que estava em seus corações, revelando seu desejo de liberdade, demonstrando que ele vem do cerne da natureza humana. A liberdade, de fato, é a própria fonte da criatividade, tanto para o indivíduo quanto para a sociedade. Não basta, como presumiam os sistemas comunistas, dar às pessoas comida, abrigo e roupa. Se tivermos todas essas coisas, mas nos faltar o precioso ar da liberdade, que sustenta nossa natureza mais profunda, seremos apenas meio humanos; seremos como animais que se contentam com satisfazer suas necessidades físicas.

Sinto que as revoluções pacifistas na antiga União Soviética e no leste europeu nos ensinaram muitas lições preciosas. Uma delas é o valor da verdade. As pessoas não gostam de ser tiranizadas, enganadas ou ludibriadas por outras pessoas ou por um sistema. Esses atos são contrários ao espírito humano essencial. Portanto, embora aqueles que praticam a enganação e usam a força possam atingir um considerável sucesso por algum tempo, logo acabam caindo.

Por outro lado, todos gostam da verdade, e o respeito por ela está realmente em nosso sangue. A verdade é a melhor garantia e a verdadeira fundação da liberdade e da democracia. Não importa se você é fraco ou forte ou se a sua causa tem muitos ou poucos partidários, a verdade sempre prevalecerá. O fato de os bem-sucedidos movimentos pela liberdade, em 1989 e depois, terem se baseado na verdadeira expressão dos sentimentos mais fundamentais das pessoas é um valioso lembrete de que a verdade em si ainda está ausente em boa parte de nossa vida política. Principalmente nas relações internacionais, temos pouco respeito por ela. Inevitavelmente, as nações mais fracas são manipuladas e oprimidas pelas mais fortes, assim como os setores mais fracos da maioria das sociedades sofrem nas mãos dos mais poderosos e influentes. Embora no passado a simples expressão da verdade costumasse ser descartada como irrealista, os últimos anos provam que ela é uma força imensa na mente humana e, por conseguinte, na formação da história.

Uma segunda grande lição do leste europeu tem sido a da mudança pacífica. No passado, os povos escravizados recorriam à violência em sua luta para se libertar. Agora, seguindo os passos de Mahatma Gandhi e de Martin Luther King Jr., essas revoluções pacíficas oferecem às futuras gerações um maravilhoso exemplo de mudança efetiva, não violenta. Quando, no futuro, importantes mudanças na sociedade novamente se tornarem necessárias, nossos descendentes serão capazes de olhar para o passado – nosso presente – como um paradigma de luta pacifista, uma verdadeira história de sucesso sem precedentes, envolvendo mais de uma dezena de nações e centenas de milhões de pessoas. Além disso, eventos recentes têm mostrado que o desejo de paz e liberdade reside no mais fundamental nível da natureza humana e que a violência é sua total antítese.

Antes de considerarmos qual tipo de meta nos serviria melhor no período pós-guerra fria, acho vital abordarmos a questão da violência, cuja eliminação em todos os níveis é a base necessária para a paz mundial e a meta suprema de qualquer ordem internacional.

Não-violência e a ordem internacional

Todos os dias a mídia anuncia incidentes de terrorismo, crime e agressão. Nunca estive em um país em que histórias de morte e derramamento de sangue não enchessem os jornais e as ondas de rádio. Tais matérias se tornaram quase um vício para os jornalistas e seu público. Mas a maioria esmagadora da raça humana não se comporta de forma destrutiva – muito poucos dos cinco bilhões de habitantes deste planeta realmente cometem atos de violência. A maioria prefere ser o mais pacífica possível.

Basicamente, todos nós apreciamos a tranqüilidade, mesmo aqueles que são dados à violência. Por exemplo, quando chega a primavera, os dias ficam mais longos, o sol brilha mais, a grama e as árvores ganham nova vida e tudo se renova. As pessoas ficam felizes. No outono, cai uma folha, depois outra e outra, até todas as lindas flores morrerem e ficarmos cercados por plantas secas e nuas. Não nos sentimos muito alegres. Por quê? Porque, bem no fundo, desejamos um crescimento construtivo, frutífero, e desagrada-nos ver as coisas caírem, morrerem ou serem destruídas. Toda ação destrutiva é contrária à nossa natureza básica; construir e ser construtivo é o jeito humano.

Tenho certeza de que todos concordam que precisamos superar a violência, mas, se pretendemos eliminá-la completamente, precisamos antes analisar se tal ato terá algum valor.

Se observarmos essa questão de uma perspectiva estritamente prática, pensaremos que em certas ocasiões a violência parece útil. Um problema pode ser resolvido rapidamente com violência. Ao mesmo tempo, porém, essa forma de solução costuma ocorrer à custa dos direitos e do bem-estar de outros. Conseqüentemente, embora um problema tenha sido resolvido, a semente de outro foi plantada.

Por outro lado, se a causa de uma pessoa for apoiada pelo raciocínio lógico, não faz sentido usar de violência. Aqueles que não têm outra motivação além do desejo egoísta e que não conseguem coisa alguma com o pensamento racional são os que apelam para a força. Mesmo quando familiares e amigos discordam, aqueles que têm razões válidas podem citá-las uma após outra e defender sua posição em todos os pontos, enquanto os que têm pouco apoio racional logo ficam zangados. Portanto, a raiva não é um sinal de força, mas de fraqueza.

Em última instância, o importante é examinar a própria motivação e a do oponente. Há muitos tipos de violência e de não-violência, mas não se pode distingui-los só a partir de fatores externos. Se a motivação de uma pessoa for negativa, a ação que ela produz será violenta no sentido mais profundo, mesmo que pareça delicada e gentil. Por outro lado, se a motivação for sincera e positiva, embora as circunstâncias exijam um comportamento duro, essencialmente, a pessoa estará praticando a não-violência. Seja qual for o caso, sinto que o interesse compassivo pelo benefício dos outros – não só de si próprio – é a única justificativa para o uso da força.

A prática genuína da não-violência ainda é um tanto experimental, em nosso planeta, mas a busca por ela, baseada em amor e compreensão, é sagrada. Se essa experiência der certo, pode abrir caminho para um mundo muito mais tranqüilo no século que se inicia.

Já ouvi alguns cidadãos ocidentais afirmarem que as lutas ao estilo de Gandhi, ou seja, com o emprego da resistência passiva não violenta, não servem para todos, e que esse tipo de ação é mais natural no Oriente. Por serem ativos, os ocidentais tendem a buscar resultados imediatos em todas as situações, mesmo à custa de suas vidas. Esse esquema, creio, nem sempre é benéfico. Mas certamente a prática da não-violência é apropriada a todos. Ela exige apenas determinação. Embora os movimentos pela liberdade do leste europeu tenham alcançado sua meta rapidamente, o protesto não violento normalmente necessita de paciência.

Com respeito a isso, rezo para que, apesar da brutalidade da opressão e da dificuldade da luta que travam, as pessoas envolvidas no movimento de democracia na China permaneçam sempre pacíficas. Tenho certeza de que assim será. Embora a maioria dos jovens estudantes chineses tenha nascido e sido criada sob uma forma particularmente dura de comunismo, eles praticaram espontaneamente a estratégia de Mahatma Gandhi, de resistência pacífica, na primavera de 1989. Foi um comportamento notável, que mostra claramente que todos os seres humanos querem, afinal, seguir o caminho da paz, independentemente da doutrina recebida.

A realidade da guerra

Claro que a guerra e as grandes instituições militares são as maiores fontes de violência no mundo. Seja o seu propósito defensivo, seja ofensivo, essas organizações incrivelmente poderosas existem apenas para matar seres humanos. Deveríamos pensar com atenção na realidade da guerra. A maioria de nós se condicionou a considerar o combate militar algo excitante e glamouroso – uma oportunidade para os homens provarem sua competência e coragem. Como o exército é uma instituição legal, sentimos que a guerra é aceitável; de modo geral, as pessoas não acham que guerra é crime e não pensam que aceitá-la também constitui uma atitude criminosa. Na verdade, passamos por uma lavagem cerebral. A guerra não é glamourosa nem atraente. É monstruosa. Sua natureza é de tragédia e sofrimento.

A guerra é um fogo, na comunidade humana, cujo combustível são os seres vivos. Acho essa analogia especialmente apropriada e útil. As guerras modernas são feitas basicamente com diferentes formas de fogo, mas estamos tão condicionados a vê-las como algo emocionante, que falamos sobre essa ou aquela arma como se fossem exemplos de uma fantástica tecnologia, sem nos lembrarmos de que, se forem realmente usadas, podem queimar pessoas ainda vivas. A guerra lembra o fogo também pela maneira como ela se espalha. Se uma área enfraquece, o oficial comandante envia reforços. É como se atirasse as pessoas ao fogo. Mas, como passamos por lavagem cerebral, não consideramos o sofrimento de cada soldado individualmente. Nenhum soldado quer ser ferido ou morrer, nem sua família quer perdê-lo. Se um soldado é morto ou fica incapacitado para sempre, pelo menos outras cinco ou dez pessoas – parentes e amigos – também sofrem. Deveríamos ficar horrorizados diante da extensão da tragédia; mas vivemos confusos demais.

Francamente, quando criança, eu também era atraído pelos militares. Seus uniformes pareciam importantes e bonitos. Mas é exatamente assim que começa a sedução. As crianças começam com jogos e brincadeiras que um dia lhes causarão problemas. Há muitos jogos estimulantes e fantasias interessantes, além da parafernália baseada na matança de seres humanos. Se nós, adultos, não fôssemos tão fascinados pela guerra, veríamos claramente que é errado deixar nossos filhos apreciarem os jogos de guerra. Alguns ex-soldados me disseram que, quando dispararam o primeiro tiro contra uma pessoa, se sentiram desconfortáveis, mas, à medida que a matança continuava, tudo começava a parecer normal. Com o tempo, ficamos acostumados com qualquer coisa.

Não é só nos tempos de guerra que as instituições militares são destrutivas. Por sua própria estrutura, elas são as maiores violadoras dos direitos humanos, e os soldados são justamente os que mais sofrem pelo abuso militar. Depois que os oficiais comandantes lhes dão lindas explicações sobre a importância do exército, de sua disciplina e sobre a necessidade de conquistar o inimigo, os direitos da grande massa de soldados são quase inteiramente suprimidos. Eles são forçados a abrir mão da própria vontade e, no fim, a sacrificar a vida. Além do mais, quando um exército se torna uma força poderosa, há um risco muito grande de que ele destrua a felicidade do próprio país.

Em toda sociedade há pessoas com intenções destrutivas, e a tentação de comandar uma organização capaz de realizar os desejos dessas pessoas pode ser avassaladora. Mas, por mais malévolos ou maldosos que sejam os muitos ditadores assassinos que ainda hoje oprimem suas nações e causam problemas internacionais, é óbvio que eles não podem prejudicar os outros nem destruir um sem-número de vidas humanas se não tiverem uma organização militar aceita e apoiada pela sociedade. Enquanto existirem exércitos poderosos, sempre haverá o perigo de ditadura. Se realmente acreditamos que a ditadura é uma forma de governo execrável e destrutiva, então precisamos compreender que a existência de uma instituição militar poderosa é uma de suas principais causas.

O militarismo é também muito caro. A busca da paz por meio da força militar impõe um fardo tremendamente oneroso sobre a sociedade. Os governos gastam imensas quantias em armas cada vez mais intricadas quando, na verdade, ninguém quer usá-las. Não só o dinheiro, mas também uma energia preciosa e a inteligência humana são desperdiçados, enquanto a única coisa que cresce é o medo.

Quero deixar claro, porém, que, embora totalmente contra a guerra, não estou defendendo a passividade submissa. Com freqüência, é necessário ter punho forte para rechaçar a agressão injusta. Por exemplo, todos nós vemos que a Segunda Guerra Mundial foi perfeitamente justificada. Ela "salvou a civilização" da tirania da Alemanha nazista, segundo as sábias palavras de Winston Churchill. Na minha opinião, a guerra da Coréia também foi justa, pois deu à Coréia do Sul a chance de, aos poucos, desenvolver uma democracia. Mas só com base na moralidade e no discernimento é que podemos julgar se um conflito se justifica. Por exemplo, vemos agora que, durante a guerra fria, o princípio de ameaça nuclear tinha um certo valor. Entretanto, é muito difícil avaliar essas questões com qualquer grau de acuidade. Guerra é violência, e violência é imprevisível. Portanto, é muito melhor evitá-la, se possível, e nunca presumir que sabemos de antemão se o resultado de uma guerra específica será ou não benéfico.

No caso da guerra fria, por exemplo, embora a ameaça tenha ajudado a promover a estabilidade, não criou a verdadeira paz. Os últimos quarenta anos na Europa viram apenas a ausência de guerra, que não foi uma paz autêntica, mas apenas um fac-símile baseado no medo. Na melhor das hipóteses, a construção de armas para manter a paz serve apenas como medida temporária. Enquanto os adversários não confiarem uns nos outros, inúmeros fatores podem perturbar o equilíbrio do poder. A paz duradoura só pode ser garantida com base na genuína confiança.

O desarmamento para a paz mundial

Em toda a história, a humanidade sempre buscou a paz, por um meio ou por outro. Seria otimismo exagerado imaginar que a paz mundial pode finalmente estar ao nosso alcance? Não creio que haja maior quantidade de ódio nas pessoas, creio apenas na habilidade delas para manifestá-lo através de armas vastamente destrutivas. Por outro lado, o fato de testemunharmos as trágicas evidências do grande número de mortes provocadas por essas armas no último século nos deu a oportunidade de controlar a guerra. Para fazermos isso, é claro que devemos nos desarmar.

O desarmamento só pode ocorrer no contexto de novos relacionamentos políticos e econômicos. Antes de considerarmos os detalhes dessa questão, vale a pena imaginarmos o tipo de processo de paz com o qual mais nos beneficiaríamos. Isso dispensa explicação. Primeiro, devemos trabalhar com o objetivo de eliminar as armas nucleares; em seguida, as biológicas e químicas; depois, as ofensivas; e, finalmente, as defensivas. Ao mesmo tempo, para salvaguardarmos a paz, devemos começar a desenvolver, em uma ou mais regiões do globo, uma força policial internacional, composta de um número igual de membros de cada nação e sob um comando coletivo. Com o tempo, essa força poderia cobrir o mundo inteiro.

Como o processo dual de desarmamento e desenvolvimento de uma força conjunta seria tanto multilateral quanto democrático, o direito da maioria de criticar ou até interferir, caso uma nação violasse as regras básicas, seria garantido. Além disso, com todos os grandes exércitos eliminados e todos os conflitos – como disputas de fronteiras – sujeitos ao controle de uma força internacional conjunta, nações grandes e pequenas seriam verdadeiramente iguais. Essas reformas resultariam num ambiente internacional estável.

Claro que o imenso dividendo financeiro colhido com a cessação da produção de armas também proporcionaria uma fantástica vantagem para o desenvolvimento global. Hoje, as nações gastam trilhões de dólares, anualmente, para manter as forças militares. Você pode imaginar quantos leitos de hospital, escolas e casas esse dinheiro poderia financiar? Além disso, como mencionei antes, a surpreendente proporção de recursos escassos desperdiçados em desenvolvimento militar não só impede a eliminação da pobreza, do analfabetismo e das doenças, mas também exige o sacrifício da preciosa inteligência humana. Nossos cientistas são extremamente brilhantes. Por que esse brilhantismo deveria ser desperdiçado em empreendimentos tão horríveis, quando poderia ser aproveitado para o desenvolvimento global positivo?

Os grandes desertos do mundo, como Saara e Gobi, poderiam ser cultivados para aumentar a produção de alimento e aliviar os excessos populacionais. Muitos países enfrentam anos seguidos de grave seca. Métodos novos, menos dispendiosos, de dessalinização podem ser desenvolvidos para tornar a água do mar própria para o consumo humano e para outros usos. Há muitas questões prementes, nas áreas de energia e saúde, com as quais nossos cientistas poderiam se ocupar mais. Já que a economia mundial cresceria mais rápido como resultado de seus esforços, eles poderiam ser mais bem pagos! Nosso planeta é abençoado com vastos tesouros naturais. Se os usarmos devidamente, começando pela eliminação do militarismo e da guerra, certamente todo ser humano será capaz de levar uma vida rica e bem-cuidada.

Obviamente, a paz global não pode ocorrer da noite para o dia. Sendo as condições ao redor do mundo tão diversas, a disseminação da paz terá de ser gradual. Mas não há motivo para que ela não comece numa região e se espalhe aos poucos de um continente a outro.

Gostaria de propor que as comunidades regionais, como a Comunidade Européia, fossem estabelecidas como parte integrante do mundo mais pacífico que tentamos criar. Olhando objetivamente para o ambiente pós-guerra fria, vemos que essas comunidades são, claramente, os componentes mais naturais e desejáveis de uma nova ordem mundial. Podemos ver que a arrancada quase gravitacional de nossa interdependência cada vez maior necessita de estruturas novas, mais cooperativas. A Comunidade Européia é a pioneira nesse esforço, negociando o delicado equilíbrio entre a coletividade econômica, militar e política de um lado, e os direitos soberanos dos Estados membros de outro. Sinto-me grandemente inspirado por esse trabalho. Também acredito que a nova Comunidade dos Estados Independentes esteja se ocupando de questões semelhantes e que as sementes dessa comunidade já estejam presentes na mente de muitas de suas repúblicas constituintes. Nesse contexto, gostaria de falar um pouco sobre o meu país, o Tibete, e sobre a China.

Como a antiga União Soviética, a China Comunista é um Estado multinacional, artificialmente construído sob o ímpeto de uma ideologia expansionista e, até hoje, administrado por força em estilo colonial. Um futuro tranqüilo, próspero e acima de tudo politicamente estável para a China depende de o país realizar não só os anseios de seu povo por um sistema mais aberto e democrático, mas também dos oitenta milhões das assim-chamadas "minorias nacionais", que querem recuperar sua liberdade. Para que a felicidade retorne ao coração da Ásia – lar de um quinto da raça humana –, uma comunidade pluralística, democrática, mutuamente cooperativa de Estados soberanos deve substituir o que atualmente se chama República Popular da China. Claro que essa comunidade não precisa ser limitada àqueles que se encontram sob o domínio comunista chinês, como os tibetanos, mongóis e urgos. O povo de Hong Kong, as pessoas que querem a independência de

Taiwan, e até os povos que sofrem sob o regime comunista da Coréia do Norte, Vietnã, Laos e Camboja também se interessariam por construir uma Comunidade Asiática. Entretanto, é particularmente urgente que os povos governados pelos comunistas chineses considerem a idéia. Devidamente orientada, ela pode ajudar a salvar a China da violenta dissolução, do regionalismo e do retorno ao caos que tanto afligiram essa grande nação em todo o século XX. Atualmente, a vida política da China está tão polarizada que há todos os motivos para se temer uma recorrência prematura de derramamento de sangue, de tragédia. Cada um de nós – cada membro da comunidade mundial – tem a responsabilidade moral de ajudar a evitar o imenso sofrimento que uma revolta civil traria à vasta população da China.

Acredito que o próprio processo de diálogo, moderação e compromisso envolvido na formação de uma comunidade de Estados asiáticos traria real esperança de uma evolução pacífica para uma nova ordem na China. Desde o princípio, os Estados membros dessa comunidade poderiam estabelecer em conjunto as políticas de defesa e de relações internacionais. Haveria muitas oportunidades de cooperação. O ponto crítico é que encontremos um modo pacífico, não violento, para que as forças de liberdade, democracia e moderação despontem, com sucesso, em meio à atual atmosfera de repressão injusta.

Zonas de paz

Vejo o papel do Tibete nessa Comunidade Asiática como algo que chamei anteriormente de Zona de Paz: um santuário neutro, desmilitarizado, onde as armas sejam proibidas e as pessoas vivam em harmonia com a natureza. Isso não é apenas um sonho – é precisamente o modo como os tibetanos viviam por mais de mil anos, antes de nosso país ser invadido. Como todos sabem, no Tibete todas as formas de vida selvagem eram rigidamente protegidas, de acordo com os princípios budistas. Além disso, pelos menos nos últimos trezentos anos, não tínhamos um exército propriamente dito. O Tibete abandonou a prática da guerra como instrumento de política nacional nos séculos VI e VII, depois do reinado de nossos três grandes reis religiosos.

Voltando à relação entre o desenvolvimento de comunidades regionais e a tarefa do desarmamento, gostaria de sugerir que o "coração" de cada comunidade pudesse ser uma ou mais nações que tenham decidido se tornar zonas de paz, áreas nas quais as forças militares são proibidas. Isso, insisto novamente, não é um sonho. Quatro décadas atrás, em dezembro de 1948, a Costa Rica dispensou seu exército. Recentemente, 37% da população suíça votou pela dissolução das forças militares. O novo governo da Checoslováquia decidiu parar a fabricação e a exportação de todas as armas. Quando o povo realmente quer, uma nação pode tomar medidas radicais para mudar sua natureza.

Zonas de paz dentro de comunidades regionais serviriam como oásis de estabilidade. Pagando sua parte justa pelos custos de uma força coletiva criada pela comunidade como um todo, essas zonas de paz seriam as precursoras e balizas de um mundo inteiramente novo e estariam isentas de participar de qualquer conflito. Se forem desenvolvidas comunidades regionais na Ásia, na América do Sul e na África e o desarmamento para a criação de uma força internacional de todas as regiões for de fato criado, essas zonas de paz poderão expandir-se, espalhando tranqüilidade.

Não precisamos pensar que estamos fazendo planos para um futuro distante, quando consideramos essa ou qualquer outra proposta de um novo mundo cooperativo em termos políticos, econômicos e militares. Por exemplo, a recentemente revigorada Conferência sobre Segurança e Cooperação na Europa, com 48 membros, já criou os alicerces para uma aliança entre não apenas as nações do leste e oeste europeus, mas também entre as nações da Comunidade dos Estados Independentes e os Estados Unidos. Esses notáveis eventos praticamente eliminaram o perigo de uma grave guerra entre essas duas superpotências.

Não incluí as Nações Unidas nessa discussão da presente era, porque tanto o seu papel crucial na criação de um mundo melhor quanto seu grande potencial para essa realização são bem conhecidos. Por definição, as Nações Unidas devem estar bem no meio de qualquer mudança que possa ocorrer. No entanto, talvez a ONU tenha de modificar sua estrutura, para o futuro. Sempre tive as maiores esperanças com relação às Nações Unidas e, sem a menor intenção de crítica, gostaria apenas de enfatizar que o clima pós-Segunda Guerra Mundial, sob o qual seus estatutos foram criados, mudou. Com essa mudança, veio a oportunidade de democratizar ainda mais a ONU, principalmente seu Conselho de Segurança, relativamente exclusivo, com seus cinco membros permanentes. Deveria se tornar mais representativo.

Conclusão

Gostaria de concluir afirmando que, de um modo geral, sinto-me otimista quanto ao futuro. Algumas tendências recentes anunciam nosso grande potencial para um mundo melhor. Já nas décadas de 1950 e 1960 as pessoas acreditavam que a guerra era uma condição inevitável da humanidade. A guerra fria, em particular, reforçava a noção de que sistemas políticos opostos só poderiam colidir, nunca competir e muito menos colaborar. Hoje, são poucos os que ainda pensam assim. Atualmente, as pessoas de todas as partes do planeta têm um interesse genuíno na paz mundial. Estão muito menos interessadas em apregoar ideologia e muito mais comprometidas com a coexistência. Esses são passos positivos.

Além disso, por milhares de anos as pessoas acreditaram que só uma organização autoritária que empregasse métodos disciplinares rígidos poderia governar a sociedade humana. Todos, porém, têm um desejo inato de liberdade e democracia; e essas duas forças – autoritarismo e democracia – têm vivido em conflito. Hoje está claro qual delas venceu. A ocorrência de movimentos não violentos pelo "poder do povo" mostrou, inquestionavelmente, que a raça humana não pode tolerar o regime da tirania nem funcionar bem sob tal regime. Esse reconhecimento representa um progresso notável.

Outro passo de esperança é a compatibilidade crescente entre ciência e religião. Durante o século XIX e boa parte do século XX, as pessoas viveram em profunda confusão por causa do conflito entre essas visões aparentemente contraditórias do mundo. Hoje, a física, a biologia e a psicologia alcançaram níveis tão sofisticados que muitos pesquisadores começam a fazer as perguntas mais profundas sobre a suprema natureza do universo e da vida, as mesmas perguntas que são de interesse fundamental para os religiosos. Portanto, há um real potencial para uma visão mais unificada. Em particular, parece que um novo conceito sobre mente e matéria está emergindo. O Oriente tem se preocupado mais com a compreensão da mente, enquanto o Ocidente se ocupa mais com a compreensão da matéria. Agora que as duas se encontraram, essas visões espirituais e materiais da vida podem se tornar mais harmônicas.

As rápidas mudanças em nossas atitudes para com a Terra também são uma fonte de esperança. Dez ou quinze anos atrás, consumíamos nossos recursos sem pensar, como se eles nunca fossem ter um fim. Agora, não só as pessoas, mas também os governos estão em busca de uma ordem ecológica. Costumo brincar dizendo que a lua e as estrelas parecem bonitas, mas, se tentássemos viver nelas, sofreríamos muito. Este nosso lindo planeta azul é o *habitat* mais magnífico que conhecemos. A vida dele é a nossa vida; seu futuro, o nosso futuro. E, embora eu não acredite que a Terra em si seja um ser senciente, ela realmente age como nossa mãe e, como filhos, dependemos dela. Agora a mãe natureza está pedindo que cooperemos! Em face de problemas globais, como o efeito estufa e a deterioração da camada de ozônio, organizações individuais e nações isoladas ficam indefesas. Se não trabalharmos juntos, nenhuma solução será encontrada. Nossa mãe está nos ensinando uma lição sobre responsabilidade universal.

Acho que podemos dizer que, por causa das lições que começamos a aprender, o próximo século será mais amigável, mais harmonioso e menos nocivo. A compaixão, semente da paz, poderá florescer. Tenho muita esperança. Ao mesmo tempo, creio que todo indivíduo tem a responsabilidade de ajudar a conduzir nossa família global na direção certa. Bons desejos apenas não bastam; temos de assumir responsabilidade. Grandes movimentos humanos surgem de iniciativas humanas individuais. Se você sente que não pode fazer grande coisa, outra pessoa ao seu lado pode desanimar também, e uma grande oportunidade será perdida. Por outro lado, cada um de nós pode inspirar os outros, simplesmente trabalhando para desenvolver sua própria motivação altruística.

Tenho certeza de que muitas pessoas sinceras, honestas, de todas as partes do mundo, já partilham das visões que mencionei aqui. Infelizmente, ninguém presta atenção nelas. Embora minha voz nem sempre seja ouvida, achei que deveria tentar falar em nome dessas pessoas. Claro que muita gente pode achar demasiada presunção do Dalai-Lama escrever essas coisas. Mas, já que ganhei o prêmio Nobel da Paz, sinto que tenho a responsabilidade de fazer isso. Se eu apenas recebesse o dinheiro e o gastasse como bem entendesse, pareceria que eu havia dito essas lindas palavras no passado com o único objetivo de ganhar o prêmio! Porém, agora que o recebi, devo retribuir a honra, continuando a advogar as visões que sempre expressei.

De minha parte, acredito plenamente que cada indivíduo pode fazer diferença na sociedade. Uma vez que os períodos de grande mudança, como o atual, são tão raros na história humana, cabe a cada um de nós fazer o melhor uso de nosso tempo para ajudar a criar um mundo mais feliz.

Glossário

Arhatship: nirvana que está além do sofrimento, mas que não é a total iluminação.

Bhikshu: monge budista plenamente ordenado.

Bhumi: cf. dez níveis bodisatva.

Bodhicitta: literalmente, a mente da iluminação. Em nível relativo, é o desejo de se tornar um buda para conduzir todos os seres à iluminação e a motivação básica por trás de toda prática maaiana. Em nível absoluto, é a visão direta da natureza fundamentalmente vazia da mente e dos fenômenos.

Bodisatva: um ser que decidiu levar todos os seres à iluminação e está seguindo o caminho da iluminação. Um bodisatva sublime é aquele que atingiu um dos dez níveis bodisatva.

Bön: tradições religiosas prevalecentes no Tibete antes da introdução do budismo. Ainda se pratica Bön na atualidade.

Bönpo: seguidor da tradição religiosa Bön.

Buda: aquele que é iluminado. Aquele que dissipou a escuridão dos dois obscurecimentos (de emoções negativas e visões conceituais) e desenvolveu os dois tipos de onisciência (conhecimento da natureza dos fenômenos; conhecimento da multiplicidade dos fenômenos).

Buda Shakyamuni: o Buda histórico, que nasceu como Siddhartha, do clã Shakya, na Índia, dois mil e quinhentos anos atrás.

Budadarma: cf. darma.

Caminho óctuplo: a quarta nobre verdade: compreensão correta, pensamento correto, palavra correta, ação correta, modo de vida correto, esforço correto, plena atenção correta, concentração correta.

Carma: princípio fundamental das religiões indianas, baseado no conceito da vida humana como um elo numa corrente de vidas, sendo cada uma determinada por atos realizados numa existência anterior.

Chenresig (em sânscrito, *Avalokiteshvara*): o bodisatva que personifica a compaixão de todos os budas. O povo do dalai-lama acredita que ele é uma encarnação de Chenresig.

Chöten: Também conhecido como *stupa*. Uma estrutura física, geralmente contendo relíquias, que representa o plano mental de Buda Shakyamuni. Há oito estilos de chöten, correspondentes a oito eventos importantes na vida do Buda.

Correto/certo: "aquilo que resulta em felicidade", de acordo com Dudjom Rinpoche.

Darma: termo que tem muitos significados diferentes. No presente contexto, é um sinônimo de budadarma e designa todos os ensinamentos do Buda, dos budas e dos mestres iluminados. De acordo com a tradição budista, esses ensinamentos revelam o caminho para o despertar. O darma tem dois aspectos principais: a transmissão darma, ou seja, as palavras que servem como suporte para os ensinamentos; e o darma da realização espiritual resultante da autêntica prática espiritual.

Despertar: sinônimo de iluminação.

Dez níveis bodisatva (em sânscrito, *bhumi*): os dez níveis de realização alcançados pelos bodisatvas. Esses níveis estão muito além dos seres comuns.

Dilgo Khyentse Rinpoche (1910-1991): um dos maiores mestres tibetanos do século XX, detentor das linhagens das quatro grandes escolas de budismo tibetano. Aluno e mestre do atual dalai-lama; cf. *The Spirit of Tibet* [O espírito do Tibete], de Matthieu Ricard.

Duas Verdades: verdade absoluta, ou suprema, que é percebida através da sabedoria, sem construções mentais. Segundo Patrul Rinpoche, está "além da mente, é impensável e inexprimível". A verdade relativa, ou convencional, é a verdade aparente percebida e considerada real pela mente iludida.

Dudjom Rinpoche (1904-1987): grande estudioso e descobridor do tesouro da Escola Nyingma de Budismo Tibetano. Uma de suas principais obras foi traduzida para o inglês com o título de *The Nyingma School of Tibetan Buddhism: Its Fundamentals and History* [A Escola Nyingma de Budismo Tibetano: seus elementos fundamentais e história].

Dzogchen: os ensinamentos da Grande Perfeição. Dzogchen revela o caminho mais direto para a essência da mente.

Emoções (negativas, conflitantes ou aflitivas; em sânscrito, *klesha*): fenômenos mentais que assolam o corpo e a mente e levam a ações prejudiciais, criando um estado de tormento mental.

Errado: de acordo com Dujdom Rinpoche, "aquilo que resulta em sofrimento"; qualquer coisa que produza um efeito desagradável ou doloroso.

Gelug: uma das quatro grandes escolas de Budismo Tibetano. Essa escola se originou dos ensinamentos de Tsongkhapa.

Geshe: literalmente, um "amigo espiritual". O título "geshe" designa um doutorado de filosofia no sistema monástico.

Guru ioga: prática que se concentra em concretizar as realizações de um professor na mente de seu aluno.

Heruka: divindade tântrica que representa nossa natureza suprema. *He* é "espaço" (vazio), *ka* é "sabedoria" e *ru*, a união de ambos.

Interdependência: em termos gerais, a filosofia budista se baseia em interconexões. Nada existe independentemente. Todo fenômeno tem uma causa, e nossas ações e reações produzem, reforçam ou transformam os efeitos que vamos experimentar no futuro. A lei de causa e efeito é perpetuada por 12 fatores independentes que aprisionam os seres em *samsara*, a roda da existência. A ignorância produz formações mentais que formam a consciência, que dá à luz nome e forma, a origem dos seis sentidos. Estes, por sua vez, originam o contato, que cria sentimentos (sensação) que despertam o desejo, o qual se torna apego. O apego se transforma no impulso de existir, que leva ao nascimento e, conseqüentemente, à velhice e à morte. A condição necessária e suficiente que leva à libertação de *samsara* é a destruição de qualquer um dos 12 elos dessa corrente.

Ioga de divindade: prática Vajrayana centrada numa divindade que representa o potencial pessoal de um indivíduo para a iluminação. A divindade pode ser masculina ou feminina, de paz ou ira, escolhida de acordo com a natureza do praticante. A ioga de divindade é um meio rápido de transformar em sabedoria as percepções comuns, diluídas, de uma pessoa.

Kagyu: uma das quatro grandes escolas de budismo tibetano. Há duas importantes tradições Kagyu: Marpa e Shangpa.

Kalachakra: literalmente, "roda do tempo". Uma profunda série de iniciações e práticas da tradição tântrica.

Kalpa: unidade extremamente grande de espaço-tempo, específica à cosmologia sul-asiática.

Kalu Rinpoche (1904-1989): grande mestre e iogue da tradição Shangpa Kagyu.

Karmapa: nome de uma série de grandes lamas da Escola Marpa Kagyu de Budismo Tibetano. No texto, Sua Santidade faz referência à 16ª Karmapa (1923-1981).

Khandroma (em sânscrito, *dakini*): ajudantes e adeptas espirituais femininas. O termo pode se referir geralmente ao princípio feminino associado à sabedoria. As *khandromas* comuns têm um certo grau de poder espiritual, enquanto as *khandromas* da sabedoria são plenamente realizadas.

Lama (em sânscrito, *guru*): literalmente, "pesado" ou "carregado" (com qualidades). Designa uma pessoa que é capaz de conduzir outras à realização espiritual; professor.

Madhyamika: ensinamento do Caminho do Meio sobre o vazio exposto pela primeira vez por Nagarjuna. *Meio* significa que está além dos extremos do niilismo e do eterno.

Mahamudra: o Grande Selo, significando que o selo da natureza absoluta está em tudo. Esse termo pode denotar o ensinamento de Mahamudra ou sua realização.

Maaiana: o Grande Veículo, ou o veículo dos bodisatvas. É grande porque seu objetivo é o pleno estado de buda para todos os seres.

Mandala: no contexto da prática tântrica, refere-se ao universo, com o palácio da divindade no centro; no contexto de uma oferenda, simboliza o universo inteiro, que uma pessoa oferece em gratidão por receber ensinamentos budistas.

Mantra: literalmente, "aquilo que protege a mente" (do praticante Vajrayana contra todas as manifestações de ignorância). Geralmente, refere-se a sílabas cuja encantação é um elemento fundamental da prática Vajrayana.

Mente: no contexto do budismo tibetano, a mente não é uma entidade real, mas uma sucessão de momentos de consciência que percebemos como uma continuidade. A natureza suprema da mente tem dois aspectos inseparáveis: vazio (*shunyata*), sua essência; e luminosidade, a natureza de suas faculdades cognitivas.

Milarepa (1040-1123): grande iogue e poeta do Tibete, cuja biografia e canções figuram entre as obras mais amadas do budismo tibetano.

Nagarjuna (século I-II): mestre budista indiano que expôs os ensinamentos Madhyamaka (Caminho do Meio).

Naropa: mestre budista tibetano e professor de Marpa, o fundador da Escola Marpa Kagyu de Budismo Tibetano.

Nirvana: o estado de liberação do sofrimento ou *samsara*.

Nyingma: uma das quatro grandes escolas de budismo tibetano.

Padmasambhava (também conhecido como guru Rinpoche): estudioso budista indiano e mestre do tantra, que introduziu o budismo no Tibete, no século VIII.

Powa: um dos seis ensinamentos de Naropa envolvendo a transferência da consciência no momento da morte. No budismo, essa prática é uma preparação para as horas finais através da percepção da natureza ilusória de todas as manifestações de *samsara*.

Protetores do darma: protetores de sabedoria são emanações de budas ou bodisatvas que se manifestam nessa forma para proteger o darma e os praticantes. Outros protetores do darma são espíritos, deuses ou demônios subjugados por grandes seres realizados e comprometidos por juramento a proteger o darma.

Rinpoche: literalmente, "precioso"; título dado aos mestres espirituais reconhecidos.

Sabedoria: a habilidade para compreender bem, geralmente com o sentido particular de compreender o vazio.

Sakya: uma das quatro grandes escolas de budismo tibetano.

Samsara: o mundo do sofrimento e da ignorância criados pelo carma; também chamado de existência cíclica.

Sangha: a comunidade dos praticantes do darma, desde seres comuns até bodisatvas.

Shantideva (século VII): sábio e poeta indiano, autor de *Bodhicaryavatara*, um tratado sobre as práticas bodisatvas em dez capítulos. O Dalai-Lama já fez vários comentários (incluindo *Um lampejo na escuridão da noite*) sobre esse livro-guia maaiana essencial.

Shunyata/sunyata: literalmente, "vazio" ou vacuidade. Nada existe independentemente, no sentido em que tudo é, na verdade, desprovido de existência inerente.

Sutra: um texto contendo os ensinamentos do Buda.

Tantra: ensinamentos esotéricos do Buda, sinônimos de Vajrayana e Mantrayana.

Tara: bodisatva feminino, que nasceu de uma lágrima derramada por Chenresig. Ela representa a eficácia da compaixão iluminada.

Tathagatagarbha: literalmente, "a essência do Buda". Refere-se ao ensinamento de que a natureza de buda é latente em todos os seres sencientes.

Thanka: pintura religiosa tibetana em pergaminho.

Três Jóias: o Buda, ou o Desperto; o darma, ou seus ensinamentos; e a *sangha*, virtuosa comunidade de praticantes. Essas são as bases do retiro budista. Num nível mais profundo, o Buda representa nossa natureza de buda inerente; o darma, a pureza natural de todos os fenômenos; e a *sangha*, a totalidade de todos os seres viventes.

Tilopa: um dos 84 grandes sábios budistas da Índia e professor de Naropa.

Trekchö, tögal: as duas práticas Dzogchen essenciais, através das quais a pureza primordial (*kadag*) e o despertar espontâneo (*lhundrup*) são revelados no próprio meio de percepções e pensamentos diluídos.

Tsepakme: buda de longa vida.

Tsongkhapa (1357-1419): também chamado Je Rinpoche e Losang Drakpa, o fundador da Escola Gelug de Budismo Tibetano.

Tulku: literalmente, "corpo em manifestação". Na experiência dos budistas tibetanos, um mestre altamente realizado é capaz de manter o controle da própria mente durante o processo de morte. Ele ou ela pode decidir onde e quando renascer, para continuar servindo aos seres.

Tummo: um dos seis ensinamentos de Naropa, envolvendo a produção do calor vital através da meditação profunda.

Vajradhara: na maioria das escolas, Vajradhara é o Buda primordial no início das linhagens tântricas.

Vazio (ou vacuidade): a percepção do vazio é uma prática essencial do budismo maaiana.

Veículo (em sânscrito, *yana*): o Veículo Básico, ou Hinayana, se baseia na renúncia; o Grande Veículo, ou maaiana, na compaixão; o Veículo de Diamante, ou Vajrayana, nos tantras.

Vinaya: a porção do cânon budista contendo os ensinamentos sobre disciplina monástica.

Yantra: símbolo ou desenho ritual usado em algumas cerimônias budistas.

Índice

Sobre os colaboradores

Venerável Tenzin Gyatso, que descreve a si próprio como um "simples monge budista", é amplamente reconhecido como o líder espiritual e temporal do povo tibetano. Conhecido mais popularmente nos países ocidentais como o Dalai-Lama, ele conquistou fama mundial em 1989, quando recebeu o prêmio Nobel da Paz graças à sua dedicação por uma luta não violenta pela libertação de Tibete. Falando e escrevendo com eloqüência sobre a necessidade de um compromisso com a compaixão e com um senso de responsabilidade universal, o 14º Dalai Lama viaja extensivamente e faz freqüentes visitas à Europa e à América do Norte.

Fabien Ouaki é empresário. Com quarenta anos de idade e pai de quatro filhos, ele foi atraído pelo budismo tibetano após conhecer Kalu Rinpoche, catorze anos atrás. Em 1994, Fabien organizou um fórum sobre negócios e ética, em Paris, que incluiu a presença de Sua Santidade, o Dalai-Lama. Fabien tem plena convicção de que os valores humanos podem funcionar no mundo dos negócios e das finanças, e que o interesse mútuo e a responsabilidade universal são essenciais para a economia de amanhã.

Anne Benson, mãe de dois filhos, nasceu na Califórnia na década de 1950 e se mudou para a França com os pais, quando tinha dez anos. Aos 17, viajou para a Índia a fim de conhecer e estudar com um dos maiores mestres tibetanos deste século, Kyabje Kangyur Rinpoche. Ela ajudou o filho de Kyabje, Pema Wangyal Rinpoche, a montar o Centre d'Etudes de Chateloubre na região de Dordogne, sede européia de Dudjom Rinpoche e Dilgo Khyentse Rinpoche. Após vários anos trabalhando a serviço de Sua Santidade, o Dalai-Lama, e da causa tibetana, Anne agora dedica-se a fazer traduções do idioma tibetano para o francês e para o inglês.

Sugestões de leitura

Conselhos espirituais do Dalai Lama (*Dalai Lama*)
Nestes *Conselhos espirituais*, o Dalai Lama fala da possibilidade de um encontro espiritual entre o Oriente e o Ocidente, destacando aspectos que lhes são comuns. Cultivando qualidades humanas positivas como a tolerância, a generosidade e o amor, o diálogo inter-religioso não só é possível e desejável, mas ainda imprescindível para que a paz se instale neste mundo.

O homem que amava as gaivotas (*Osho*)
O homem que amava as gaivotas é um livro diferente: fala de verdades sem ser dogmático; são abordados assuntos que nos pareciam já tão resolvidos e esgotados, mas de maneira nova e totalmente reveladora, criando espaço para novidades; propõe parábolas, estórias, anedotas e até piadas para desestruturar conhecimentos dados como fixos e acabados; amplia horizontes e chama-nos à criatividade, evidenciando que ela é sinal indicativo de vida; encanta-nos, enfim, ao nos conduzir à experiência do próprio eu, permitindo-nos vislumbrar o segredo da existência.

Osho todos os dias (*Osho*)
Busca de transformação interior, com plena integração de corpo, mente e espírito: essa é a proposta deste livro inspirador. Meditações de fácil leitura, porém com forte chamado ao despertar, são distribuídas página por página de forma a serem lidas uma a uma, diariamente, no decorrer dos 365 dias do ano. São dizeres que tocam nosso interior, fazendo-nos pensar e refletir, gerando uma melhor forma de encarar o a vida.

O monge que vendeu sua Ferrari (*Robin S. Sharma*)
Novas fronteiras da Igreja (*Leonardo Boff*)
Ética e eco-espiritualidade (*Leonardo Boff*)
Crise, oportunidade de crescimento (*Leonardo Boff*)
Se eu pudesse viver minha vida novamente...(*Rubem Alves*)
Conversas sobre educação (*Rubem Alves*)
Conversas sobre política (*Rubem Alves*)
Religiões do mundo (*Hans Küng*)
E por falar em mitos... (*Joseph Campbell*)
Normose, a patologia da normalidade
(*Pierre Weil / Jean-Yves Leloup / Roberto Crema*)
O romance de Maria Madalena (*Jean-Yves Leloup*)
Os mutantes (*Pierre Weil*)
Homem algum é uma ilha (*Thomas Merton*)
O bem que você planta, você colhe (*J. P. Vaswani*)
Um mundo novo em gestação (*Rose Marie Muraro*)
Onde existe amor, Deus aí está (*Leon Tolstói*)
Um caso de amor com a vida (*Regis de Morais*)
O som do silêncio (*Luiz Carlos Lisboa*)

Impressão e Acabamento

Prisma Printer Gráfica e Editora Ltda.
Fone/Fax: (0xx19) 3229-7171
E-mail: grafica@prismaprinter.com.br
www.prismaprinter.com.br
Campinas - SP